# 师恩浩荡
# 风范长存

—— 胡乃武教授追思录

吴晓求 杨瑞龙 等著

中国人民大学出版社
·北京·

图书在版编目（CIP）数据

师恩浩荡　风范长存：胡乃武教授追思录/吴晓求等著．－－北京：中国人民大学出版社，2022.5
ISBN 978-7-300-30546-2

Ⅰ.①师… Ⅱ.①吴… Ⅲ.①胡乃武-生平事迹 Ⅳ.①K825.31

中国版本图书馆CIP数据核字（2022）第061877号

师恩浩荡　风范长存——胡乃武教授追思录
吴晓求　杨瑞龙　等　著
Shien Haodang　Fengfan Changcun

| 出版发行 | 中国人民大学出版社 | | |
|---|---|---|---|
| 社　　址 | 北京中关村大街31号 | 邮政编码 | 100080 |
| 电　　话 | 010-62511242（总编室） | | 010-62511770（质管部） |
| | 010-82501766（邮购部） | | 010-62514148（门市部） |
| | 010-62515195（发行公司） | | 010-62515275（盗版举报） |
| 网　　址 | http://www.crup.com.cn | | |
| 经　　销 | 新华书店 | | |
| 印　　刷 | 北京宏伟双华印刷有限公司 | | |
| 规　　格 | 160 mm×235 mm　16开本 | 版　次 | 2022年5月第1版 |
| 印　　张 | 14.25　插页3 | 印　次 | 2022年5月第1次印刷 |
| 字　　数 | 208 000 | 定　价 | 68.00元 |

版权所有　侵权必究　印装差错　负责调换

胡老师20世纪60年代研究生毕业后留校任教（1963）

2017 年人民大学 80 周年校庆，人民大学地铁站宣传墙

胡乃武教授在明德主楼办公室的日常

2003 年七十寿辰与嘉宾和弟子合影

2017 年参加经济学院本硕博毕业合影

# 前　言

2021年6月9日，我们的恩师胡乃武（身份证名：胡迺武）教授离开了我们。我们众弟子陷入无限悲伤之中。在胡老师的遗体告别仪式上，众弟子凝视着胡老师的遗容，眼眶含着泪花，默念着胡老师一路走好。在胡老师的追思会上，众弟子纷纷缅怀胡老师传道、授业、解惑的育人事迹，讲到动情之处不禁掩面而泣。胡老师在其教书育人的一生中始终兢兢业业，像蜡烛一样，燃烧了自己、照亮了别人。胡老师不仅传授了知识，而且传授了价值观，不仅教大家学问，而且教导每个学生如何做人。在胡老师的言传身教下，众弟子在政界、商界、学界均做出了不俗的成绩。

在送别胡老师后，我们觉得胡老师虽然离开了我们，但胡老师的宏观经济理论和教书育人的成功经验需要传承与发扬光大，这不仅是我们纪念胡老师的一种方式，对于经济理论创新与优秀经济学人才培养来说更是一份宝贵的精神财富。召开追思会后的当天晚上，吴晓求、杨瑞龙、韦伟、王庆、万晓芳、齐东平、李佩洁等聚在一起，商量采取什么方式来纪念胡老师，传承胡老师的思想与精神。

在充分听取各位同门的建议后，吴晓求与杨瑞龙作为召集人，多次商讨短期与中长期纪念胡老师的形式。首先是筹建胡乃武教授教育基金，众弟子采取自愿捐赠的办法筹集资金，同时动员社会力量筹集善款。胡乃武教授教育基金主要用于两个方面：一是定期奖励在宏观经济理论及宏观经济管理方面的优秀科研成果，二是资助经济学院的贫困学生。从第一轮捐赠情况来看，众弟子踊跃捐赠已达到一定规模，我们希望继续开展第二轮捐赠，期盼基金不少于三百万元，力争五百万元。在组织捐赠过程中，李佩洁做了许多细致的工作，成为沟通捐赠者与学校基金会的桥梁。我们希望在胡老师逝世周年的纪念会上正式宣布成立胡乃武教授教育基金，并成立相应的理事会与秘书处，制定相应的基金会章程及奖励办法。我们相信，胡乃武教授教育基金将会成为联结胡老师众弟子的桥梁。通过基金会，胡老师的弟子们有一个共同交流的平台，同时通过胡乃武教授教育基金让胡老师的宏观经济理论思想与教书育人事迹持久地传承下去，这不仅对于推动宏观经济管理等方面的研究及发扬光大胡老师教书育人的先进事迹非常有意义，而且是众弟子纪念胡老师的重要方式。

我们商议举办的另一个纪念胡老师的重要活动就是在胡老师逝世周年举办一个胡乃武宏观经济理论研讨会，拟邀请国内知名经济学家、兄弟学校相关学院的负责人、新闻媒体及胡老师的弟子，研讨胡老师在宏观经济管理领域的理论，宣扬胡老师在教书育人方面所取得的成就。除了在纪念会上宣布成立胡乃武教授教育基金外，同时举办《师恩浩荡　风范长存——胡乃武教授追思录》首发式。该书除了收集胡老师的生平、学术思想评传、重要专访及历史照片外，主要是弟子们的追思文章。这些篇幅长短不一、形式多样的文章从不同侧面追忆众弟子深受胡老师恩泽的点滴，或在学术研究上如何得到胡老师的真传，或在生活上如何得到胡老师的帮助，或在如何做人、怎样做事上得到胡老师的谆谆教导，文章写得情真意切、感人至深。我们希望通过该书的出版，能折射出胡老师卓越的学术贡献、深邃的学术思想、重要的育人贡献、优秀的人格魅力。该书的出版得到了中国人民大学出版社的大力支持，也得到了中国人民大学经济学院的出版资助，在此表示深深的感谢。

胡老师虽然已离我们而去，但胡老师的音容笑貌一直浮现在我们眼前，胡老师的精神一直激励我们众弟子在各自的岗位上以胡老师为榜样，兢兢业业、努力工作，在各行各业做出更大的贡献。

敬爱的胡老师，安息吧！

吴晓求　杨瑞龙

2022 年 2 月 8 日

# 胡乃武同志生平

中国共产党优秀党员，我国杰出的经济学家、教育家，新中国国民经济学学科开拓者和带头人，国务院政府特殊津贴专家，中国人民大学荣誉一级教授、博士生导师、中国人民大学经济学研究所①所长胡乃武教授，于2021年6月9日23时20分在北京逝世，享年87岁。

胡乃武同志1934年5月出生于山西省文水县。1955年进入中国人民大学计划经济系本科学习，1959年毕业后继续攻读本校计划经济系国民经济计划专业研究生。1963年研究生毕业后留校任教。

胡乃武同志是中国人民大学经济学院荣誉一级教授。历任《经济理论

---

① 胡乃武教授担任经济学研究所所长，该研究所于20世纪90年代末改名为"经济研究所"。

与经济管理》副总编、中国人民大学经济学研究所所长、校学术委员会副主任、校学位评定委员会委员兼应用经济学分委员会主席、校教代会副主席、校务委员，以及北京市哲学社会科学评奖委员会经济学组组长、北京市经济学总会副会长等职务，曾兼任山东大学、北京交通大学、安徽大学、山西大学、河北大学、山西财经大学、江西财经大学等10余所高等院校的客座教授。1985年被破格晋升为教授，1986年经国务院学位委员会批准任博士生导师（全国第三批），同年获国家级有突出贡献中青年专家称号。2009年被学校聘为中国人民大学首批一级教授。2014年个人成就被收入《20世纪中国知名科学家学术成就概览》一书。

作为我国国民经济学学科的开拓者和带头人，胡乃武同志早在1979年我国改革开放之初，就在一篇题为《计划和市场相结合是我国经济管理改革的基本途径》的论文（《经济研究》，1979年）中，提出了社会主义经济是商品经济，应当重视价值规律和市场的观点。1980年在一篇题为《社会主义国家所有制和企业自负盈亏》的论文中，提出了国有企业的生产资料所有权是可以同生产资料的使用权、支配权以及经营权相分离的，应当让国有企业"自主经营、自负盈亏"的主张。1986年在党的十三大报告的背景材料——"关于改革与建设的几个问题"的研究报告（胡乃武为主持人之一）中，较早提出应将社会主义初级阶段的理论作为党的十三大报告的重要内容，并于1988年主编了《现实的抉择》一书，该书受到同行专家的好评。20世纪80年代末，在《中国宏观经济管理》一书中首次提出社会主义商品经济条件下的宏观经济管理应包括总量管理（需求管理）、结构管理（供给管理）、平衡管理三条主线，以及经济运行、宏观调控、经济增长与发展等主要过程，由此创立了中国宏观经济管理学的理论体系，受到同行专家的赞誉。20世纪90年代末，胡乃武同志在"西部经济论坛"上提出了西部大开发的融资思路，在西部各省区产生了巨大的社会影响。2007年，他在古稀之年仍主编了"普通高等教育'十一五'国家级规划教材"《国民经济管理学》，进一步发展和完善了中国宏观经济管理的理论体系。同时，胡乃武同志还作为首席专家主持了国家社科基金重大研究项目"新时期我国社会经济利益关系发展变化及和谐社会构建的研究"，出版了一批有重要影响力的学术论著。

胡乃武同志致力于中国经济改革与发展、中国宏观经济管理和社会主义经济理论等重大实践与理论问题研究。出版专著（包括合著）30余本，发表学术论文300余篇，培养博士生80余人。1986年获国家级有突出贡献中青年专家称号；为第一届中国发展百人奖获得者；为"十五"国家重点研究项目《科学发展观丛书·五个统筹》首席专家之一。胡乃武同志的学术成果和教学成果多次获得孙冶方经济科学论文奖与著作奖、北京市哲学社会科学优秀成果一等奖、北京市高等教育教学成果一等奖等奖项。

胡乃武同志一生忠于党、忠于国家、忠于人民、忠于马克思主义。他的一生，是为共产主义事业顽强拼搏的一生，是为马克思主义经济学教学和研究事业砥砺奋斗的一生，是为中国人民大学建设与发展事业呕心沥血的一生。他的逝世，是中国人民大学的重大损失，也是中国经济学界的重大损失。

胡乃武同志的离去，给我们留下了无尽的悲痛。他忧党忧国忧民的赤子情怀，为党和人民教育事业鞠躬尽瘁的奉献精神，淡泊名利、勤奋踏实的高尚品德，将永远激励着我们奋勇前行！

胡乃武同志永垂不朽！

# 胡乃武教授学术思想评传

吴晓求

  胡乃武教授是我国著名经济学家、教育家。人生有幸，他是我的授业导师，我是他首批指导的1983年9月考入中国人民大学计划经济系国民经济计划与管理专业的两位硕士生之一（另一位是湖北经济学院的邹伟进教授）。1987年9月，他和钟契夫教授又是我的博士生联合指导教师。大体说来，我应是先生的开门弟子。我的学术之路，沐浴着恩师胡乃武先生的阳光雨露。他既是我学术上的引路人，又是我精神上学习的榜样。

  胡乃武教授1934年5月3日出生于山西省文水县杨家寨村。1955年9月以优秀成绩考入中国人民大学计划经济系，本科学习阶段品学兼优。1959年9月，由于成绩优异被免试推荐到中国人民大学计划经济系国民经济计划专业读研究生，四年后留校任教。从1955年到2021年的66年时间内，除"文化大革命"期间因中国人民大学解散停办而短暂离开人大几年外，近60年的时间里他都在中国人民大学求学和任教。

20世纪50年代胡老师与母亲和妹妹于太原

胡乃武老师1985年被破格晋升为教授，1986年被国务院学位委员会聘为国家第三批博士生导师，是当时经济学界最年轻的博士生导师之一；1986年任中国人民大学经济学研究所所长；2009年被评为中国人民大学首批一级教授，2019年12月被授予中国人民大学荣誉一级教授称号。胡乃武教授曾在不同时期担任过中国人民大学学术委员会副主任、中国人民大学学位评定委员会委员兼应用经济学分委员会主席、北京市经济学总会副会长等职务，获得校内外诸多学术奖励和荣誉。

胡乃武教授热爱国家，忠诚于人民的教育事业；他性情温和，品德高尚，淡泊名利，乐于助人和提携后人；他胸怀宽广，兼容并蓄，追求真理，喜于学术；他与时俱进，把学术研究与国家的命运紧密联系在一起；他是一座学术与人格完美结合的丰碑，是学界山峰，是师中之师。

对恩师胡乃武教授的缅怀和深切情感，我在胡乃武教授追思会上的发言已有所表达。这里主要对胡乃武老师一生的学术贡献做一简略介绍，并尽我所能做些评述，可能会有纰漏和不当，还望同门及读者谅解。

先生的学术成果，主要收集在中国人民大学出版社1989年出版的胡乃武主编的《中国宏观经济管理》和中国金融出版社2013年3月出版的《胡乃武文选》中，他在《人民日报》《光明日报》《经济研究》《中国社会科学》《中国人民大学学报》《经济理论与经济管理》等报纸和杂志上发表了诸多有影响力的学术论文。出版的著作和教材（含合著）主要有《中国社会主义经济问题》（人民出版社1979年出版，1982年再版）、《计划经济学》（中国人民大学出版社1983年出版，1985年再版）、《经济杠杆导论》（光明日报出版社1985年出版）、《模式·运行·调控》（中国人民大学出版社1987年出版）、《现实的抉择》（中国人民大学出版社1988年出版）、《中国宏观经济管理》（中国人民大学出版社1989年出版）、《经营管理大系·基础经济知识卷》（上海人民出版社1990年出版）、《国外经济增长理论比较研究》（中国人民大学出版社1990年出版）、《马克思主义经济理论全书（理论篇）》（吉林人民出版社1992年出版）、《当代中国经济发展中的政策选择》（浙江人民出版社1993年出版）、《国民经济宏观管理问题研究》（北京大学出版社1993年出版）、《中国经济非均衡发展问题研究》（山西高校联合出版社 1994 年出版)、《国民经济管理学》(中国人民大学出版社 2007 年出版)、《社会主义和谐社会利益关系研究》(中国人民大学出版社 2010 年出版)等。① 现就其中我认为最具代表性的论文和著作,予以介绍并做简要评述。

2019 年 12 月胡乃武教授获聘荣誉一级教授时与刘伟校长、靳诺书记合影

## 一、代表性学术论文

先生的代表性学术论文大都被收录到《胡乃武文选》中,主要由以下四部分组成:经济基础理论,经济发展中的速度、比例与效益,经济体制改革,宏观经济管理。它们之间既相互独立又相互联系,这四部分论文的理论逻辑是一致和相通的。

(1)《试论社会主义社会的消费》和《按最终产品组织综合平衡》,分别发表在《教学与研究》1979 年第 2 期和《中国经济问题》1979 年第 6 期上。这两篇论文是胡乃武老师积极参加当时中国经济学界关于社会主义生产目的的大讨论所撰写的。在这两篇论文中,胡乃武老师从再生产理论的

---

① 胡乃武. 自序//胡乃武文选. 北京:中国金融出版社,2013:6-7.

高度，阐述了社会主义生产必须以满足人民群众物质和文化生活的需要为目的，深入论证了"与满足社会需要脱节的生产是会衰亡的"这一观点。

(2)《计划和市场相结合是我国经济管理改革的基本途径》一文，发表在《经济研究》1979年第7期上。这篇论文是胡乃武老师与刘成瑞、余广华等人合作完成的，是胡老师早期学术研究的重要代表作，曾被提交给1979年在无锡召开的"关于价值规律作用问题讨论会"。论文在第一段开宗明义地提出："我国经济管理改革究竟应当走什么道路，朝什么方向前进？这是必须首先明确的问题。"论文特别强调："社会主义经济应当怎样管理？这不取决于人们的主观意志，而取决于社会主义阶段的客观经济条件和经济规律。"在当时的条件下，论文特别强调社会主义经济应当具有商品经济特性，应当重视价值规律和市场的作用。这篇论文全面反映了胡乃武老师深厚的学术功底和富有远见的理论洞察力。

胡老师研究生时期《资本论》笔记

(3)《论适度积累率》一文，发表在《经济理论与经济管理》1981年第2期上。论文深刻阐述了适度积累的内涵，强调保持适度积累率相对稳定的重要意义，提出了确定适度积累率的三个公式，这对防止经济过热，保持国民经济持续、平稳、较快发展具有重要意义。

这三个公式是：

$$A < N - S(1+S') \cdot P(1+P') \quad (1)$$
$$A = \text{I}(v+m) - \text{II}c/r_1 \quad (2)$$
$$A = \text{II}(c+m-m/x) - \text{I}(v+m/x)/r_2 \quad (3)$$

在上述公式中，$A$代表适度积累量，$N$代表国民收入总额，$S$代表报告期按人口平均的消费额，$S'$代表计划期城乡居民消费水平提高速度，$P$代表报告期人口总数，$P'$代表计划期人口自然增长率，$r_1$代表生产资料积累占积累总额的比重，$r_2$代表消费资料积累占积累总额的比重。

(4)《社会主义经济增长理论初探》一文，发表在《中国人民大学学报》1987年第1期上。论文阐述了社会主义经济增长的类型和特征，揭示了社会总产值、工农业总产值、国民收入、盈利之间增长速度对比关系的规律性，探讨了提高经济增长质量和效益的基本途径。

(5)《马克思的外延与内涵扩大再生产理论同我国的社会主义现代化建设》一文，写作于1983年，是一篇阐释马克思主义经济学说的经典论文。通过该篇论文，可见作者具有深厚的马克思主义经济学理论功底。论文对"内涵扩大再生产"这一范畴进行了科学的界定，论述了两种类型的扩大再生产在社会主义建设中的地位和作用，强调了在奠定工业化基础之后，应该更加注重内涵扩大再生产。

(6)《略论社会主义经济的宏观控制》一文，是胡乃武老师与他的学生吴晓求1987年合作完成的一篇论文，被收入《论中国宏观经济管理》(中国经济出版社1987年出版)一书中。论文分析了货币供应量的增长规律，界定了货币供应量适度增长的目标，并强调对货币供应量的调控是宏观调控的重要机制和手段。这一时期，正是先生系统构建中国宏观经济管理理论体系的重要时期。

(7)《产权制度变革与宏观控制方式转换》一文，是胡乃武老师与他的学生杨瑞龙1995年合作完成的一篇论文，发表在《经济学家》1989年第4期上。论文深入分析了产权制度是约束宏观经济调控方式选择的决定性条件，强调在不同的产权制度下有不同的宏观调控模式，认为产权规则与等级规则的冲突是导致我国宏观经济调控能力相对弱化的根源，因此，产权制度变革是推动宏观调控方式转变的最为关键的制度条件。论文在制度层面上丰富了胡乃武老师所构建的中国宏观经济管理理论体系。

（8）《论我国基础产业发展的问题与出路》一文，是胡乃武老师与当时指导的博士生王辰合作完成的一篇重要学术论文，发表在《经济学家》1994年第1期上。论文在界定基础产业概念和范围的基础上，深刻分析了我国基础产业"瓶颈"存在的原因，认为投资体制、价格体制、经营体制以及地方政府行为等方面的改革滞后，是基础产业瓶颈问题的症结所在，提出了让市场机制在基础产业中发挥资源配置的基础性作用，让政府在基础产业中发挥资源配置的主导作用的理论主张。论文丰富了胡乃武老师所构建的中国宏观经济管理理论体系。

邀请著名学者董辅礽（前排右二）、钟契夫（前排右三）、陈共（前排左三）、魏礼群（后排右一）、闻潜（后排右二）、张卓元（后排左二）、周新城（后排左一）等参加博士学位论文答辩，前排左二为胡老师

（9）《区域经济发展差异与中国宏观经济管理》一文，发表在《中国社会科学》1995年第2期上，是胡乃武老师与当时指导的博士生韦伟合作完成的一篇重要学术论文。论文强调，中国宏观经济管理必须考虑区域经济发展的差异，全面分析了区域经济发展差异对宏观经济运行的影响，指出在区域经济发展存在差异的条件下宏观经济管理的复杂性及其表现，提出了

基于区域经济发展差异的宏观经济管理政策框架。这篇学术论文进一步深化并完善了他之前所构建的中国宏观经济管理的理论体系和政策框架。

胡乃武老师还有不少代表性学术论文，鉴于篇幅就不一一介绍了，有兴趣的读者可通过阅读《胡乃武文选》一一了解。

## 二、代表性著作

胡乃武老师早年学习的是国民经济计划，在20世纪80年代初，作为核心作者和统撰者之一，曾参与李震中教授主编的《计划经济学》教材的编写和统稿。1984年后，开始转向国民经济学和宏观经济管理的理论及政策研究。他在这一领域的代表性著作主要有（依出版时间为序）：《经济杠杆导论》《模式·运行·调控》《中国宏观经济管理》《当代中国经济发展中的政策选择》《中国经济非均衡发展问题研究》《社会主义和谐社会利益关系研究》等。

**2014年胡老师向人大图书馆捐赠专著**

（1）《经济杠杆导论》一书，1985年光明日报出版社出版，由序、九章正文、附录和后记组成，内容涉及对各种经济杠杆原理的阐释、经济杠杆的综合运用、经济杠杆与宏观调控的关系等，全书约22万字。研究和写作的背景是 1984 年中共中央颁布的《关于经济体制改革的决定》，倡导运用经济办法管理经济，强调经济管理部门要学会和掌握如何运用经济杠杆来对经济运行进行宏观调控。当时，胡乃武老师正在给研究生们讲授"宏观经济管理学"这门课程，他把教学与科研紧密结合在一起，组织并指导听课的研究生们对经济杠杆及其调节功能问题进行专题研究，在此基础上撰写了这部专著。该书把经济杠杆作为用经济办法管理经济的重要手段，对经济杠杆的概念进行了界定，阐述了价格杠杆、税收杠杆和信贷杠杆的调节功能和作用机理，论证了综合运用经济杠杆调节经济的必要性以及如何运用经济杠杆进行宏观调控等问题。它是我国经济学界最早问世的一部关于经济杠杆的专著，曾获北京市高等学校哲学社会科学中青年优秀成果奖。

(2)《模式·运行·调控》一书，由吴树青和胡乃武两位老师共同主编，1987 年由中国人民大学出版社出版，全书共 23.1 万字。该书是国家委托中国人民大学完成《关于经济体制改革中长期规划》研究报告的扩展成果，这个课题组由吴树青、胡乃武两位老师主持，袁振宇、魏杰、金碚、吴晓求等参加了这个课题的研究和该书的撰写。该书对社会主义经济模式、运行特征和宏观调控机制做了系统分析和阐释，特别是在"调控篇"（胡乃武老师主负责篇）深入探讨了计划机制与市场机制相结合的宏

观调控模式，明确提出：计划机制调控所涉及的经济活动，主要是宏观经济总量和长期资源配置；市场机制调节所涉及的经济活动，主要是个量平衡与短期资源配置。

（3）《中国宏观经济管理》一书，1989年由中国人民大学出版社作为"人民大学文库"出版，是胡乃武老师关于中国宏观经济管理理论与政策研究的集大成之作，充分体现了胡乃武老师关于中国宏观经济管理的思想，是那个时代关于中国宏观经济管理理论研究的巅峰之作。全书由六篇二十七章组成，约43万字，内容涉及宏观经济管理与发展模式的比较和选择、宏观经济管理体系的系统分析、需求管理、供给管理、社会总供给与社会总需求的平衡以及经济增长与波动等内容。该书体系宏大、结构缜密，首次系统阐释了中国宏观经济管理的理论逻辑，是一部具有前瞻性和开拓性的论著。在当时还未把建立社会主义市场经济体制作为中国经济体制改革的目标时，胡乃武教授就已经按照社会主义市场经济体制的要求，在深入研究的基础上完成了这部宏观经济管理著作。该书从社会主义市场经济条件下的宏观管理，既要发挥市场在资源配置中的基础性作用，又要重视政府对经济活动的宏观调控出发，分别从需求管理、供给管理、平衡管理三条主线，以及经济运行、宏观调控、经济增长与发展等方面进行了深入分析，首次在我国形成了宏观经济管理的理论体系。该书曾分别获得全国普通高等学校优秀教材二等奖、北京市哲学社会科学优秀成果二等奖。

(4)《当代中国经济发展中的政策选择》一书，浙江人民出版社 1993 年出版，全书由五篇二十六章组成，共 43.7 万字，堪称《中国宏观经济管理》一书的姊妹篇，是中国宏观经济管理研究在政策领域的延伸和深化。该书是胡乃武教授承担国家哲学社会科学基金关于政策体系问题项目的最终研究成果。作者从中国处于社会主义初级阶段这一基本国情出发，剖析了经济发展中面临的主要问题，根据既定的经济发展模式和发展战略，探讨了经济发展中的政策选择，并对各项政策的内容、作用机制、实施条件和政策效应等问题进行了深入的分析，是一部有理论深度的经济政策研究专著，曾获北京市哲学社会科学优秀成果一等奖。

(5)《中国经济非均衡发展问题研究》一书,山西高校联合出版社1994年出版,由导论和十二章组成,全书26.8万字。对经济的非均衡研究,是那个时期中国经济学界研究的一个重点。该书是胡乃武教授承担国家"八五"哲学社会科学基金重点项目的最终研究成果。当时理论界对中国经济发展战略有不同的观点,有的主张采用"大推进式"发展战略,有的主张采用"非均衡式"发展战略。作者认为,在我国建设资金短缺和技术薄弱的情况下,应当选择非均衡发展战略。作者在阐述均衡与非均衡增长理论模型的基础上,借鉴国外经验,结合我国实际,从制度创新、劳动力市场、资本供给、技术创新等方面阐述了非均衡发展的重要意义,并从产业结构和区域结构等方面提出了中国经济非均衡发展战略。该书具有较强的理论分析力,是我国较早系统分析非均衡发展问题的专著,曾获北京市哲学社会科学优秀成果一等奖。

(6)《社会主义和谐社会利益关系研究》一书,中国人民大学出版社2010年出版,共十章,22.2万字。该书以利益关系为纽带,深入分析了中国社会存在的错综复杂的经济利益关系。这种错综复杂的经济利益关系主要包括:社会各阶层利益关系、区域利益关系、城乡居民利益关系、产业间利益关系、代际利益关系、企业内部利益关系、中央与地方利益关系等。该书是胡乃武教授承担国家社科基金重大项目的最终研究成果。作者全面阐述了构建社会主义和谐社会必须正确处理的上述七种利益关系,首

次从经济方面提出了构建社会主义和谐社会的理论主张和分析框架。该书曾获第六届高等学校人文社会科学研究优秀成果奖。

部分获奖证书

## 三、主要学术观点和学术贡献

胡乃武教授的经济学术研究比较集中，涉及的领域主要包括：关于社会主义本质和社会主义经济的基本特征；关于中国经济体制改革；关于中国宏观经济管理理论体系的构建；关于经济发展中重要政策的研究和建议。

1. 关于社会主义本质和社会主义经济的基本特征

胡乃武教授研究社会主义经济问题，首先是从怎样重新认识社会主义出发的。可以说，这是他研究社会主义经济问题的一个前提。围绕这个问题，他先后发表了一组论文，其中主要有：《按劳分配决不会产生资产阶级》(1977)，《社会主义的根本任务是发展生产力》(1979)，《试论社会主义社会的消费》(1979)，《社会主义和劳动者个人物质利益》(1979)，《社会主义国家所有制和企业自负盈亏》(1980)，《社会主义制度下商品生产和价值规律的作用问题》(1981),《社会主义初级阶段及其经济特征》(1988),《社会主义社会的收入分配方式》(1988),《改革也是解放生产力》(1992),等等。通过对社会主义本质的研究,胡乃武教授在20世纪70年代末80年代初对社会主义就有了新的认识,主要观点如下:

(1) 贫穷不是社会主义,社会主义要战胜资本主义必须创造出比资本主义更高的劳动生产率,所以,社会主义社会的根本任务是发展生产力。

(2) 我国将在一个很长的时期内仍处于社会主义初级阶段。在这个阶段,生产力水平低、多层次、发展不平衡,所以,社会主义初级阶段的所有制结构,必然是以公有制为主体、多种所有制经济共同发展的所有制结构。

(3) 社会主义社会的企业,无论是非公有制企业还是全民所有制和集体所有制企业,都是自主经营、自负盈亏的商品生产者和经营者,社会主义经济仍然是商品经济。

(4) 商品经济的充分发展,是社会主义经济发展不可逾越的阶段,社会主义社会必须大力发展商品经济。

(5) 与社会主义初级阶段的所有制结构相适应,社会主义社会的分配方式必然是以按劳分配为主体、多种分配方式并存,按劳分配与按生产要素分配相结合的分配方式。

(6) 列宁的社会主义公式是:社会主义=公有制+按劳分配;我国初级阶段的社会主义公式是:社会主义=(公有制为主体+非公有制经济)+(按劳分配为主体+非按劳分配方式)+商品经济。

(7) 社会主义社会的主要矛盾是,人民日益增长的物质文化需要同落后的社会生产力之间的矛盾。为了解决这一矛盾,就必须大力发展生产力。

(8) 社会主义社会建立了以公有制为主体的经济制度之后,如果经济体制问题解决得不好,同样会阻碍生产力的发展。因此,为了解放生产力,就必须进行经济体制改革和政治体制改革。可见,社会主义社会不仅有一个发展生产力的问题,也有一个解放生产力的问题。

(9) 社会主义各国的实践都表明,传统的排斥商品经济的高度集中的计划经济体制,严重地阻碍了生产力的发展,因此,就必须进行经济体制改革和政治体制改革。

(10) 社会主义社会所进行的经济体制改革和政治体制改革是社会主义制度的自我完善。经济体制改革是要改革与生产力发展不相适应的生产关系的某些方面,政治体制改革是要改革与经济基础不相适应的上层建筑的某些方面。

(11) 社会主义社会的基本矛盾仍然是生产力与生产关系、经济基础与上层建筑的矛盾。这些矛盾是社会主义社会通过不断地进行改革来加以解决的。所以,社会主义社会是一个不断改革的社会,通过不断改革来解放和发展生产力。不承认社会主义是不断改革的社会,就否认了社会主义社会的基本矛盾,从而也就否认了社会主义社会的发展。

(12) 社会主义社会要大力发展商品经济就必然会由国内贸易走向国际贸易,利用国内、国际两个市场和两种资源来发展本国经济。所以,社会主义社会必然是对外开放的社会,闭关锁国就会停滞与落后。

上述关于社会主义及社会主义经济的12个方面的理论认识,是胡乃武老师研究社会主义经济和中国宏观经济管理的总纲。[①]

胡乃武老师的上述理论观点,虽然带有时代的印记,但仍映射出思想的与时俱进、客观而理性的学术精神和跨越时空的理论逻辑力,为后来更加宏观的经济研究奠定了雄厚的理论基础。

2. 关于中国经济体制改革

为了解放和发展被计划经济体制束缚的生产力,就必须对原有的经济体制进行彻底改革。为此,胡乃武教授按照社会主义初级阶段理论和社会主义商品经济理论即之后的社会主义市场经济理论,深入研究了我国经济体制改革的一些重大理论问题。胡乃武教授对这个问题的研究和认识,有一个逐步深化和完善的过程。代表性研究成果主要有:

(1) 1979年4月在无锡召开的"关于价值规律作用问题讨论会"上,胡乃武老师提交了题为《计划和市场相结合是我国经济管理改革的基本途

---

① 胡乃武. 总序//胡乃武文选. 北京:中国金融出版社,2013:1-3.

径》的论文。该文深刻阐述了社会主义经济仍然是商品经济,并从所有权与经营权两权分离的角度,论证了国有企业是自主经营、自负盈亏的商品生产者和经营者,要十分重视市场、竞争和价值规律的作用。这篇论文较早地按照商品经济的要求,粗线条地提出了我国经济体制改革的基本思路。

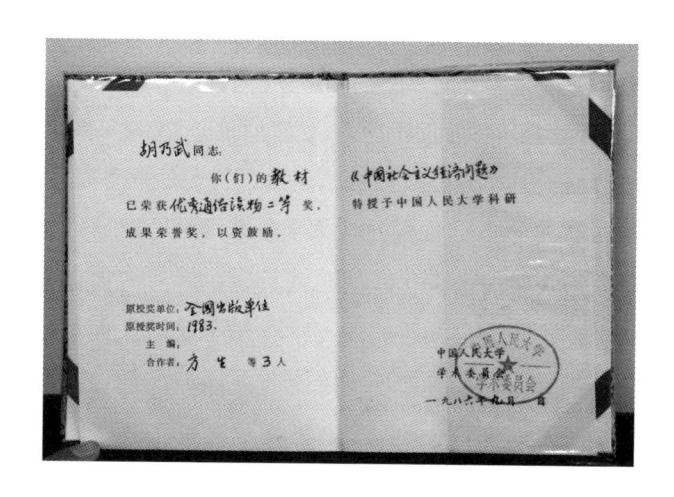

(2) 随着研究的深入,胡乃武老师在1987年前后,按照有计划商品经济理论和"国家调节市场,市场引导企业"的运行机制,进一步细化和完善了我国经济体制改革的思路。这一研究成果发表在杭州市委党校《教学内参》1987年第7、8期合刊上。他所提出的这一改革思路,有三个相互联系、不可分割的方面:一是按照商品经济的要求再造微观基础,使企业真正成为自主经营、自负盈亏的商品生产者和经营者。为此,就要对大中型国有企业实行两权分离和政企职责分开。承包经营责任制是企业改革的过渡模式,股份制是企业改革的目标模式。要搞活大中型国有企业,还必须建立企业内部的自我激励和自我约束机制,建立责、权、利相结合的经营机制。二是建立完善、统一、竞争性的市场体系,即既要有商品市场,又要有资金市场、劳动力市场和技术市场,并要打破地区封锁、市场分割的状况,以利于开展公平竞争,力求形成供求大体平衡的市场态势。三是加强政府对经济的宏观调控,改变宏观经济管理方式,由过去的直接管理为主改为间接调控为主。

(3) 1987年,在《中国宏观经济管理》一书中,虽然当时还没有把市场经济体制作为中国经济体制改革的目标,但胡乃武教授已经按照社会主义市场经济的基本原理在构建中国宏观经济管理的理论架构。著名经济学家董辅礽教授曾评价胡乃武老师在这方面的研究,称赞他"初步形成了一套宏观经济管理理论"。

胡乃武老师从事经济体制改革的研究工作比较早,1977年就参加了国务院政研室组织的关于经济体制改革的"理论与方法组"的研究工作,于光远任组长,董辅礽任副组长,胡乃武老师是该组的主要成员之一。在1987年前后的几年里,胡乃武教授又参加了国家体改委委托的研究课题——制定"1988—1995年中国经济体制改革规划"的研究工作。中国人民大学课题研究组开始时由黄达、胡乃武负责,后吴树青接替黄达,与胡乃武教授共同主持这一重大课题。我有幸参加了这一重大课题的研究。研究成果完成后,胡乃武教授参加了在中南海向国务院领导汇报课题研究成果的会议。这项研究成果曾获孙冶方经济科学论文奖。

通过多年对经济体制改革的深入研究,胡乃武老师认为,中国经济体制改革的经验主要有六条:

第一,经济体制改革的推进必须与经济理论的突破和观念的更新结合起来。

1988年胡乃武（时为中国人民大学经济学研究所所长）、安志文（时为国家体改委党组书记）、刘国光（时为中国社科院副院长）、吴树青（时为中国人民大学副校长）、吴晓求（时为中国人民大学经济学研究所讲师及会议秘书）（从右至左）参加国家体改委召开的"1988—1995年中期经济体制改革研讨会"

我国经济体制改革每前进一步，都是在经济理论上有所突破的结果。例如，在粉碎"四人帮"之后，我们明确了实践是检验真理的唯一标准，社会主义社会的根本任务是发展社会生产力，不能脱离生产力来研究生产关系，生产关系是否优越，要看它能否促进生产力的更快发展。正是在这种理论的指导下，我国农村家庭联产承包责任制蓬勃地开展了起来，大大促进了农业生产力的发展。又如，自党的十二届三中全会以来，我们突破了把社会主义与商品经济对立起来的传统观念，明确了社会主义经济仍然是商品经济，商品经济的充分发展是社会经济发展的不可逾越的阶段，所以政府对经济的宏观调控必须以间接调控为主。与此同时，我们在全社会大大增强了商品经济观念、价值观念、利润观念、竞争观念和经营意识。所有这些经济理论的突破和观念的转变，大大推动了我国以城市为重点的全面的经济体制改革。再如，党的十三大报告使我们明确了社会主义初级阶段理论，划清了科学社会主义与脱离社会主义社会发展阶段的种种不切实际的空想的界限，抛弃了附加于社会主义之上的、违背客观经济规律的种种观点，从而推动了我国经济体制改革的更深入开展，开创了有中国特色的社会主义道路。

第二，经济体制改革必须与经济发展很好地结合起来。

要使改革与发展很好地结合起来，一个重要的问题是要保持经济适度增长。如果经济发展"过热"，投资需求和消费需求增长过快，势必造成社会总供求失衡，引发通货膨胀，从而使改革的回旋余地变得很小，使一些重要的改革难以出台；相反，如果经济发展过慢，就会使财政收入减少，同样会使改革的回旋余地变得很小。因此，适度的经济增长是推进改革的一个重要条件。

在改革过程中，一方面，发展要照顾到改革，要为改革留下回旋余地；另一方面，改革也要为发展服务，一些重要的改革措施要有利于产业结构的优化和技术进步，要考虑国家、企业和居民的承受能力。

第三，把微观搞活、完善市场体系、加强宏观经济管理这三个方面很好地结合起来。

微观搞活、完善市场体系、加强宏观经济管理是新体制不可分割的三个方面。因此，在改革过程中必须坚持配套改革。

实践证明，这三个方面的改革都不能孤立地单项突进，而应以搞活企业为中心，相应地进行其他两方面的改革。否则，就会造成大的漏洞和管理上的"真空"，给改革带来不应有的损失。

第四，近期改革目标必须与长期改革目标衔接起来。

经济体制改革是一个长期的历史过程，只能分阶段采取渐进方式来进行。这就需要把近期改革目标与长期改革目标衔接起来。近期改革目标要为长期改革目标的实现创造条件，而不可将近期改革目标固化。例如，在我国企业改革过程中，改革的近期目标曾是实行承包经营责任制，这只是企业改革的过渡模式，而不是最终目标模式，其最终目标模式是实行股份制。为了把近期改革目标与长期改革目标衔接起来，就需要制订经济体制改革的总体规划和分阶段实施的改革方案。这些规划和方案，要有改革的理论依据、基本思路和定量分析等内容,并把它们公开出版,使人人皆知,以便统一思想,协调改革步伐,增强人们对改革的信心,提高人们对改革的承受能力。

第五,正确处理经济体制改革中破与立的关系。

在改革过程中,理论要超前,方向要明确,决心要大,步骤要稳。我们应该照此来处理改革中破与立的关系。若片面强调先破后立,破是破了,而立又一时立不起来,就会导致经济秩序的紊乱;若片面强调先立后破,势必推迟改革的进程,甚至使改革难以推行。我国经济体制改革是采取渐进方式进行的,加之改革本身具有艰巨性和复杂性,所以改革要经历较长的时期。在这一过程中,必然会出现新旧体制交替与并存的状况。为了避免因新旧体制交替而出现宏观管理上的"真空",就要正确处理破与立的关系。在新体制覆盖不到的地方,或者采取过渡性的管理办法去填补"真空",或者暂时保留旧体制中一些可行的过渡性的管理办法,否则就会造成管理上的漏洞,使新体制的优越性不能显示出来,影响改革的声誉。出于这种考虑,暂时保留旧体制中的某些可行的管理办法,不能被认为是保守的表现。

第六,经济体制改革必须与政治体制改革结合起来。

社会主义上层建筑是为经济基础服务的,随着经济体制改革的逐步深化,必然要求政治体制进行相应的改革。否则,经济体制改革就难以深化。事实上,有些经济体制改革的内容是与政治体制改革密切相连的。例如,政企分开、干部制度、厂长(经理)负责制等改革,都涉及政治体制改革。①

3. 关于中国宏观经济管理理论体系的构建

胡乃武教授的学术研究,从时间跨度和专业领域来看,有一个时间分水岭:在1984年之前,研究领域主要是国民经济计划与管理,其间发表了不少重要学术论文,也研究社会主义经济的一些基本理论问题,如价值规律、按劳分配、社会主义生产目的等;在1984年之后,开始转向如何构建

---

① 胡乃武.总序//胡乃武文选.北京:中国金融出版社,2013:5-8.

1988年周叔莲（时为中国社科院工经所所长）、吴树青（时为中国人民大学副校长）、张卓元（时为中国社科院经济研究所所长）、厉以宁（时为北京大学光华管理学院院长）、胡乃武（时为中国人民大学经济学研究所所长）、吴晓求（时为中国人民大学经济学研究所讲师及会议秘书）（从左至右）参加国家体改委召开的"1988—1995年中期经济体制改革研讨会"

中国宏观经济理论基本架构，对总供给、总需求、经济杠杆、宏观调控、宏观经济政策的协调、短期的动态平衡和长期的非均衡发展等非常关注，有深刻的理论见解和严密的学术逻辑。

1984年以后，胡乃武教授在中国宏观经济管理方面的研究经历了四个阶段，逐步形成了基于中国现实和未来发展趋势的中国宏观经济管理理论体系：

**第一阶段**，中国宏观经济管理理论体系前期储备阶段。早在1979年胡乃武老师在无锡召开的"关于价值规律作用问题讨论会"上，就提交了题为《计划和市场相结合是我国经济管理改革的基本途径》的学术论文。这篇论文着重阐述了社会主义经济是商品经济，并强调了在宏观经济管理中计划与市场两种手段相结合的必要性。

**第二阶段**，中国宏观经济管理理论体系奠基阶段。代表性成果是1985年出版的《经济杠杆导论》。该书论证了商品经济条件下的宏观经济管理应当以运用经济杠杆（经济手段）进行间接调控为主，阐述了价格杠杆、税收杠杆和信贷杠杆等经济手段的调节功能。这一理论观点在《模式·运行·调控》一书中有了更深入的阐释。

1996年5月钟契夫（时为中国人民大学计划统计学院教授、博导，国务院学位委员会经济学学科评议组成员）、胡代光（时为北京大学经济学院院长、全国人大常委会委员）、胡乃武（时为中国人民大学经济学研究所所长）、董辅礽（时为中国社科院经济研究所名誉所长、全国人大财经委副主任）、周叔莲（时为中国社科院工经所所长）、李京文（时为中国社科院数量经济与技术经济研究所所长）（前排从左至右）参加博士学位论文答辩会

**第三阶段，中国宏观经济管理理论体系形成阶段**。代表性成果主要是1989年出版的《中国宏观经济管理》一书。该书实际上已经按照社会主义市场经济的要求，构建中国的宏观经济管理理论体系，理论研究具有超前性。

**第四阶段，中国宏观经济管理理论体系不断完善阶段**。1992年之后，按照建立社会主义市场经济体制的基本要求，胡乃武老师先后发表了多篇进一步完善中国宏观经济管理理论体系的论文，如《市场经济与政府的宏观调控》《社会主义市场经济条件下的宏观调节手段与经济杠杆》等。基于之前的学术积累，胡乃武老师于2007年主编了普通高等教育"十一五"国家级规划教材《国民经济管理学》。

4. 关于经济发展中重要政策的研究和建议

发展是执政兴国的第一要务，一切问题的解决都要靠发展，因此，发展是胡乃武老师学术研究中十分关心的一个问题。

胡乃武老师对发展速度和经济效益问题非常关注。这方面的研究是从总结新中国成立以来在这个问题上的经验与教训入手的。《关于建国以来党的若干历史问题的决议》指出，我们在经济工作方面"左"的错误，就是急于求成。这种情况从"一五"时期的1956年就已显现，1958年提出"大跃进"，一年之内就要实现钢铁产量翻番，即从1957年的535万吨翻番到1958年的1 070万吨，甚至提出苦战两三年要从根本上改变贫穷落后的面貌，十五年之内就要赶超英国的生产力发展水平。在农业方面提出"人有多大胆，地有多大产，不怕做不到，就怕想不到"。似乎速度的快慢，不是取决于财力、物力和人力的可能，而是取决于人们的主观愿望。可见在那个时期，的确是"唯意志论"横行，形而上学猖獗。

党的十一届三中全会后，为了纠正在发展速度问题上的"左"的错误倾向，胡乃武老师先后发表了一组论文，从理论上探索和揭示了社会主义制度下经济发展速度方面的一些规律性。例如，发表在《中国人民大学学报》1987年第1期上的《社会主义经济增长理论初探》一文，揭示了社会主义制度下经济增长速度的基本特征，强调指出，速度的快慢，不是取决于人们的主观愿望，而是取决于财力、物力和人力的可能。经济增长速度具有相对稳定性，经济增长速度不是一时的快增长，而是持续、稳定的增长，我们所要的速度，是经济效益好的速度。只有这样，才会有好的经济效益和好的经济增长质量，实现速度与效益的统一。

如何才能实现国民经济的持续、稳定增长？胡乃武老师认为：一是要有适度的积累率；二是要注意按比例协调发展；三是发展方式要转变，政策体系要有效。

新中国成立后至"文化大革命"结束前的近三十年中，我们实行的是一种以高速度增长为目标的赶超发展模式。实践证明，采用这种发展模式，速度定得很高，比例严重失调，经济效益很差，人民生活难以得到改善，实际上是一种"少慢差费"的发展模式。胡乃武老师在《社会主义经济增长理论初探》这篇论文中，明确提出了提高经济增长质量的问题。要提高经济增长的质量，就必须实行经济发展方式的转变，即从以高速增长为中心转变为以提高经济效益为中心；从以外延扩大再生产为主转变为以内涵扩大再生产为主；从粗放型增长转变为集约型增长。为了推动这种转变，胡乃武老师在1983年一年之内，连续发表了三篇论文，即《试论社会主义经济效果》《论劳动生产率》《马克思的外延与内涵扩大再生产理论同我国的社会主义现代化建设》。在这几篇论文中，胡乃武老师反复论证提高经济增长质量的问题实际上就是提高经济效益的问题，并构建了衡量宏观经济效益的一套指标体系，其中包括消费基金率、社会生产效益、社会积累效应、资金盈利率、基金产出率、流动资金占用率、能源利用效益七个指标。这七个指标分别从生产、建设、经营管理和人民生活等方面反映了国民经济效益的状况。

概而言之，以上就是胡乃武教授学术生涯中主要的经济思想和学术贡献。可以肯定的是，先生是中国宏观经济管理理论体系的重要奠基人之一。

**主要参考文献**

[1] 胡乃武. 胡乃武文选. 北京：中国金融出版社，2013.

[2] 胡乃武. 经济杠杆导论. 北京：光明日报出版社，1985；北京：中国金融出版社，2013.

[3] 吴树青，胡乃武. 模式·运行·调控. 北京：中国人民大学出版社，1987.

[4] 胡乃武. 中国宏观经济管理. 北京：中国人民大学出版社，1989；北京：中国金融出版社，2013.

[5] 胡乃武. 当代中国经济发展中的政策选择. 杭州：浙江人民出版社，1993；北京：中国金融出版社，2013.

[6] 胡乃武，杨瑞龙. 中国经济非均衡发展问题研究. 太原：山西高校联合出版社，1994；北京：中国金融出版社，2013.

[7] 胡乃武. 社会主义和谐社会利益关系研究. 北京：中国人民大学出版社，2010；北京：中国金融出版社，2013.

## 写作后记

我的恩师胡乃武先生于 2021 年 6 月 9 日逝世，令我十分悲伤。除了我的父母外，对我影响最大、给予我恩惠最多的就是胡乃武先生了。他逝世后，我一直在思考写一篇内容尽可能全面的《胡乃武教授学术思想评传》（以下称《评传》）。比较而言，我可能是胡先生弟子中相对更了解他的学术思想的学生之一。在亲自撰写《评传》之前，我曾经把我指导的两位在读博士生请来，让他们认真读读我的导师他们的祖师爷的诸多学术著作和论文，帮助起草一份初稿供我参考。他们很努力地撰写初稿并几易其稿，但是我觉得仍然不能准确概括胡乃武先生的学术思想，最后决定自己亲自动手重新撰写。

我一边写作《评传》，一边快速阅读《胡乃武文选》和胡乃武老师主编的《宏观经济管理文丛》中的六大部著作。在构思良久后，我通宵达旦三天，一鼓作气终于完成了《评传》一文的写作。

对恩师胡乃武先生经济思想的总结、学术观点的概括和学术贡献的评价，是《评传》写作中遇到的最大困难。当我认真学习先生亲自撰写的"学术自传"后，发现他对自身学术发展和学术观点的总结很系统，终于找到了写作《评传》过程中遇到的最大困难的解决办法。我想，没有任何人会比他更了解自己。所以，除必要修订或更正外，《评传》中有很多资料、观点、文字直接引用自《胡乃武文选》中的"自传"和"总序"。由于引用频繁，故未在文中一一标注，而是统一用参考文献加以说明。

隐藏于我内心深处的一件大事终于完成了，我如释重负地深深吸了一口气，绷紧的大脑瞬间放松了。午夜时分，望着院子中太阳能灯柱发出的幽幽光亮和远处忽明忽暗的灯光，我灵魂深处祈愿我师在上天安详。

吴晓求

完稿于海南琼海

2022 年 1 月 28 日凌晨 1 点

# 目 录

永远的怀念——悼念恩师胡乃武先生 …………………… 熊盛文 / 1
在恩师胡乃武教授追思会上的发言 ………………………… 吴晓求 / 4
跟着导师胡乃武教授做学问 ………………………………… 杨瑞龙 / 11
胡乃武恩师留给我的宝贵财富 ……………………………… 周振华 / 19
追忆先生 ……………………………………………………… 罗欢镇 / 26
追忆恩师胡乃武先生 ………………………………………… 王文松 / 29
高山仰止 吾辈楷模——追忆胡乃武先生 ………………… 韦 伟 / 32
怀念恩师 ……………………………………………………… 万晓芳 / 39
悼恩师 ………………………………………………………… 王 辰 / 42
先生驾鹤西去 弟子长歌当哭 ……………………………… 杨再平 / 44
追忆恩师 ……………………………………………………… 闫 衍 / 49
永远怀念恩师胡乃武教授 …………………………………… 张可云 / 55
爱岗敬业 一代宗师
　　——深切怀念我们的恩师胡乃武教授 ………………… 赵龙跃 / 59
大家风范 平易近人——深切悼念导师胡乃武先生 ……… 宋 群 / 64
怀念胡乃武老师 ……………………………………………… 张永生 / 66
深切怀念恩师胡乃武先生 …………………………………… 龙向东 / 75
悼念胡老师 …………………………………………………… 魏革军 / 85
长者风范 铭记心中——怀念尊敬的胡乃武老师 ………… 方 芳 / 87
近泪无干土 低空有断云——深切缅怀导师胡乃武教授 …… 董 藩 / 94
大师精神千秋弘扬 学高为范万古流芳
　　——缅怀我的博士生导师胡乃武教授 ………………… 孙 飞 / 102

| 永远的怀念——悼念导师胡乃武先生 | 黄　隽 / 105 |
|---|---|
| 斯人驾鹤辞西去　我辈人师再难求 | |
| 　　——悼念我的导师胡乃武教授 | 薛东阳 / 110 |
| 追思恩师指导农业保险的理论与实践 | 宗国富 / 114 |
| 追忆胡乃武教授二三事 | 聂辉华 / 119 |
| 沐浴杏雨感师恩——忆胡乃武先生二三事 | 桂　华 / 122 |
| 缅怀恩师胡乃武先生 | 刘　睿 / 125 |
| 一盏指路的明灯——悼念恩师胡乃武先生 | 仲武冠 / 128 |
| 追忆胡乃武老师二三事 | 朱　振 / 131 |
| 慈容宛在　风范长存——怀念永远的恩师胡乃武先生 | 石宝峰 / 136 |
| 淡泊明志　宁静致远——追忆胡乃武老师二三事 | 陈岳虹 / 143 |
| 悼念恩师胡乃武先生 | 乔姝元 / 147 |
| 师恩难忘　永记于心 | |
| 　　——沉痛悼念博士生导师胡乃武教授 | 王伟杰 / 150 |
| 悼念恩师胡乃武 | 褚玉萌 / 154 |
| 怀念恩师胡乃武教授 | 许嘉和 / 157 |
| 向胡乃武教授学习如何做一位好老师 | 李佩洁 / 161 |
| [人大之子]胡乃武： | |
| 　　甘为新中国经济学事业的孺子牛 | 167 |
| 三尺讲坛天下事 | |
| 　　——人大举办胡乃武教授从教五十周年学术研讨会 | 182 |
| 追思随笔和挽联 | 186 |
| 泪别荣誉一级教授胡乃武先生 | 189 |

# 永远的怀念

## ——悼念恩师胡乃武先生

熊盛文[①]

一小时前在1979级国民经济计划班的群里,突然看到学校发布的讣告,惊悉今天凌晨胡乃武老师仙逝,不胜悲痛!班里的同学纷纷在群里表达了对胡老师去世的哀悼之情。

胡老师是我们的班主任,与全班同学朝夕相处了几年。他精深的理论素养、认真的教学态度、真诚的爱生之情、热忱的助人风格,给同学们留下了深刻印象。40余年过去了,他与我们相处的点点滴滴至今还留在脑海里。他既是我们尊敬的师长,更是同学们信赖的朋友。

作为中国经济学界的著名学者,胡乃武老师是当之无愧的当代国民经济管理学的理论权威。他从中国人民大学毕业后,一直致力于国民经济宏观管理的研究,发表了许多论文、出版了许多专著。记得在大学读书时,有一天我正在阅览室浏览当天报纸,竟然在《光明日报》上看到了胡老师发表的两篇文章。早在1979年他就在一篇题为《计划和市场相结合是我国经济管理改革的基本途径》的论文中,提出了社会主义经济是商品经济,应当重视价值规律和市场的观点。1980年在一篇题为《社会主义国家所有制和企业自负盈亏》的论文中,他又提出国有企业的生产资料所有权可以同生产资料的使用权、支配权以及经营权相分离,应当让国有企业"自主经营、自负盈亏"的主张,为探索中国特色社会主义的宏观经济管理理论

---

[①] 熊盛文系胡乃武教授1979级国民经济计划班学生。

做出了重要贡献。他一生笔耕不辍，著作等身，为我国经济体制转型的理论准备做出了积极贡献。

作为一位大学老师，胡乃武老师以教书育人为己任，长期勤勤恳恳地耕耘在校园。他最清楚为人师表的分量，以身作则，淡然迎送清贫与寂寞、鲜花与赞美。他用渊博的知识，点燃学生对未知领域的好奇，引导学生走进浩渺的知识海洋；他以独特的智慧，寻找开启每个学生心灵的钥匙，用自己的爱与智慧启迪不同的学生。他理论功底深厚，授课时完全不看教案，马克思主义经典语录信手拈来，引用《资本论》里的话甚至可以说出页码。"台上一分钟，台下十年功"，精彩的授课倾注了他课外无数的心血。他一生坚守教学岗位，桃李满园，门生遍地，用心血培育千百桃李，以辛劳扶持社会栋梁。

作为一位班主任，他爱生如子，希望每个学生都能茁壮成长。他心地善良，面容慈祥，对学生从来是笑脸相迎，用微笑拉近师生间的距离。他精心与班干部一道，了解每个学生的情况，注意挖掘学生的潜力，发挥各自的长处，为班级出力，为集体争光。他常常与学生谈心，解开他们心中的疙瘩，帮助解决他们面临的困难。他坚持有教无类，对所有学生一视同仁，引导全班学生互相关心、互相帮助、共同成长。

作为一位长者，他满腔热情地把青年学子当成朋友，甘愿为学生成长搭建人梯。他对学生的帮助，不限于学业，而且延至事业；不止于学校，而且延至毕业工作之后。毕业分配时，他热情关心每个学生的愿望，竭尽所能让学生都能学以致用，找到发挥自己光和热的岗位。我作为江西来的学生，又自愿要求回江西工作，当他得知给我分配的单位没有与所学专业对口时，立即向校领导汇报，请校系领导帮助协调，重新安排了对口的工作岗位。所有这些帮助，都是在我不知情的情况下进行的，体现了他对学生无私的关爱。我参加工作后，他继续关心我，帮助我，对我的事业进步默默地、不为我所知地给予了很多帮助。我与其他同学交流之后，方知不少同学同样得到了胡老师的这种无私帮助。

敬爱的胡乃武老师，您虽然离我们而去，您的音容笑貌会永远留在学生心里。"经师易遇，人师难遭"，您就是学生人生中难得的人师。"春蚕

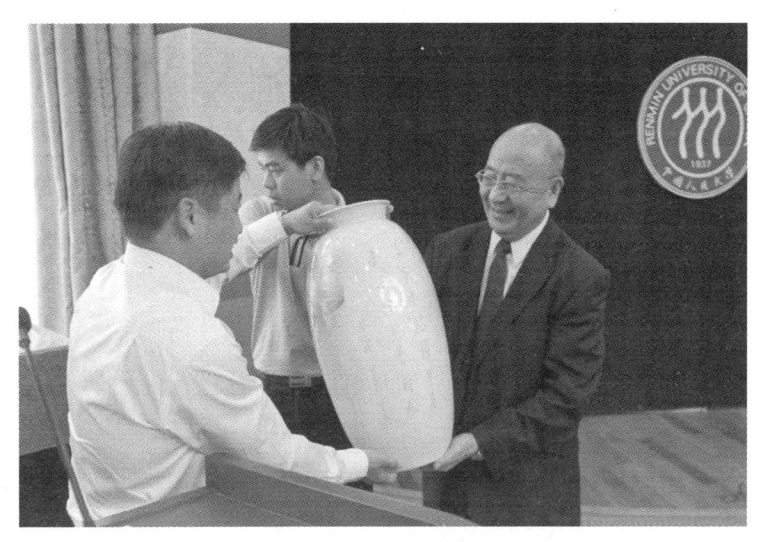

**参加胡老师八十寿辰纪念活动并致贺礼**

到死丝方尽,蜡炬成灰泪始干",在学生眼里您就是这样的人师。您应该感到欣慰的是,您的亲灸弟子都可算"国民表率、社会栋梁",但学生明白"新竹高于旧竹枝,全凭老干为扶持",永远不会忘记您在我们成长中所起的不可或缺的作用。古人曾经留下一首奠祭老师的古诗:"玉壶存冰心,朱笔写师魂。谆谆如父语,殷殷似友亲。轻盈数行字,浓抹一生人。寄望后来者,成功报师尊。"此刻读来,该诗就是您人生的写照,也代表了学生的心声。

胡乃武老师,您一路走好!

# 在恩师胡乃武教授追思会上的发言

吴晓求[①]

各位学界同仁、各位兄弟姐妹：

我们共同的导师胡乃武教授离我们而去了，这是一个极其悲伤的日子。我追随胡老师38年，是胡老师作为研究生导师指导的第一批两位硕士研究生中的一位（另一位是邹伟进教授）。在我做研究生期间乃至刚开始留校任教的一个时期，学习、任教之余的大多数时间都是和胡老师一起度过的。在硕士生和博士生学习期间，那时我20多岁，一个星期总有3~4个晚上是和胡老师一起度过的。我一般吃完晚饭后，7点半左右就会敲开胡老师家的门，一方面是求教学问，另一方面是漫谈中国经济学的过去、今天和未来。窗外明净的月色飘落进胡老师的书房，我和我师就是这样度过了一个个灵魂交流的夜晚。应该说，我是受胡老师影响最大、受益最多的学生。从价值观到人生道路的选择，胡老师对我都产生了决定性的影响。所以，这些天我感到非常悲伤。

今天我主要向大家介绍我们共同的导师胡老师的生平和学术贡献。

胡乃武教授，1934年5月生于刘胡兰的故乡山西省文水县。胡老师经常会和我讲刘胡兰的故事。1955年，当时已经参加工作的胡老师，以优异的成绩考入中国人民大学计划经济系计划专业学习，4年后的1959年，他又考上了计划经济系的研究生。1963年留校任教，成为中国人民大学的一位年轻教师。在"文化大革命"期间，胡老师受到过冲击，到过"五七"

---

[①] 吴晓求系胡乃武教授1983级硕士生、1987级博士生，曾任中国人民大学副校长，现为中国人民大学一级教授。

**2019 年 1 月 21 日吴晓求副校长代表学校看望胡乃武教授**

干校劳动。1978 年中国人民大学复校，他响应号召，迅速返回中国人民大学，回到计划经济系任教，并担任 1979 级国民经济计划专业本科班的班主任。在承担繁重的教学任务的同时，胡老师十分重视科学研究，积极参加重大科研活动。他是早期李震中教授主编的《计划经济学》教材的重要统编者。由于科研和教学业绩突出，胡老师 1985 年被破格评为教授；经国务院学位委员会批准，1986 年，胡老师成为我国第三批博士生导师。学界一般认为，前三批博士生导师含金量很高，他是当时年轻一代的杰出学者。2009 年，胡老师被评为我校首批一级教授（全校共 14 位首批一级教授），2019 年转为我校荣誉一级教授。

胡老师 1987 年开始招收博士生，杨瑞龙教授就是他招收的第一批博士生。我也是 1987 级博士生，是钟契夫教授和胡老师联合指导的。

胡老师在 20 世纪 70 年代末 80 年代初，就非常敏锐地感觉到，中国的改革开放是未来的大趋势，商品经济发展是中国经济改革不可逆转的趋势。胡老师具有缜密而宏大的宏观经济思想。虽然胡老师的专业属于计划经济学，但他没有抱残守缺，而是顺应时代的趋势，积极推动中国经济的市场化改革。在这期间，他已经写出了体现社会主义商品经济精髓的一系列论文和著作，包括1979年在《经济研究》上发表的论文，以及后来由他主持、主编并作为主要撰稿人的在宏观经济管理领域具有重要意义的著作，如《经济杠杆导论》。《经济杠杆导论》开启了现代宏观经济管理理论研究的序幕，充分体现了现代经济的精髓，为未来的宏观经济调控奠定了理论基础。

在这个基础上，他进一步深化研究。由他主持、主编，同时也体现了他所提出的主要思想的重要著作《中国宏观经济管理》于1989年出版了。《中国宏观经济管理》这部著作，无论在当时还是今天，从理论体系的角度看，都是非常完整的，是极富前瞻性的，既体现了需求管理的原则，也注重了供给管理。他认为需求管理是总量管理，供给管理是结构管理，在此基础上进行综合协调。虽然当时还没有市场经济的表述，但胡老师的这部著作已经体现了基于市场经济精髓的宏观经济管理架构。

之后，他和吴树青教授一起，组织编写了《模式·运行·调控》这本理论性很强的著作，主要探讨中国经济的未来模式、运行特点和宏观调控。同时他还出版了有关经济增长方面的一系列著作。21世纪后，他高度关注我国经济发展新战略、新布局，对西部开发提出过自己独到的见解。

各位学界同仁，各位胡老师的弟子，你们都非常了解胡老师在学术上的巨大贡献，其学术成就集中体现在《胡乃武文选》中。胡老师是新中国国民经济管理学科的重要奠基人和开拓者，为中国经济学的发展，特别是国民经济管理学的发展做出了巨大贡献。他的研究始终坚持以马克思主义理论为指导，同时结合中国的实际情况，他不搞那种书斋义化、书斋式研究、从文献到文献的研究，他更多地关注中国社会实践的变化。他是立学为国学者的典型代表。胡老师是我们大家学术上的楷模。这是其一。

第二，胡老师把他一生中的大部分时间都贡献给了我们在座的各位。他是师中之师，他为国为民，他的道德文章高山仰止，他对每个学生都倾注了大量心血。他对学生的宽厚和仁慈，如父，如春风。没有胡老师，就没有今天的我。

胡乃武老师六十大寿时弟子的合影

作为导师，胡老师不仅关心学生学业的进步，而且关心学生的身体健康以及家庭幸福。我有一个亲身经历，让我一生铭记在心。我爱人1991年要调到北京来，当时我们两地分居。调到北京来相对容易，但到哪里工作是个问题。我向胡老师汇报了这个情况，胡老师说："我们一起找李震中校长去。"胡老师带着我第一次见到李震中老校长。李震中老校长是个光明磊落、乐于助人的长者和领导，一听说这件事，他说："乃武，明天我们三个就去找崔建民。"崔建民当时是审计署的常务副审计长，50年代末60年代初在中国人民大学计划经济系学习，李震中老校长是他的系主任，胡老师教过他的课。于是，我和胡老师、李校长一行三人，从人民大学坐公交车，换了几次车，来到了沙窝。两位老师知道崔审计长在某幢楼里办公，但不知道在这幢楼里的哪一层办公。胡老师和李震中老师就在楼下扯着嗓子大喊："崔建民，你在哪里？""崔建民，你下来！"崔建民审计长不知道怎么就听到了呼叫声，马上就下来了。见到了我们三人，听完李校长和胡老师的来由，他说："没有问题，一定落实。"

我举这个例子想说明什么呢？想说明胡老师不仅仅是我们学业上的导师，更是我们人生的导师。仅此一事，就让我永生铭记。

胡老师对自己要求很严，对他人却很宽厚。胡老师善良、朴实、厚道、谦逊，在学术上缜密严谨。如果说今天的我在学术研究上有一点点成绩的话，与胡老师的培养、言传身教是密不可分的。读研究生时期，我写的论文，胡老师改得都非常认真。那个时候，他在《经济理论与经济管理》任副主编，有个周末的下午，他把我叫过去，边改我的文章边告诉我为什么要这么改，改完以后他还亲自读给我听。他说："晓求啊，论文要读得朗朗上口，这个论文就好了，句子不能太长，要简洁明了。"胡老师的文章，就像《人民日报》的社论一样精练。我看过胡老师的文稿，他写一篇论文，从第一个字到最后一个字，1.5万字的论文，写下来一气呵成，中间修改的字数不会超过10个。我当时就想，如果有一天我能做到这样就好了。

胡乃武教授和吴晓求教授2016年1月9日在第二十届中国资本市场论坛期间交谈

在学术上，胡老师是我们的楷模，在人生道路上，胡老师是我们的导师。我在灵魂上和胡老师是相通的。他对学生充满了关爱。这是其二。

第三,他的道德文章,高山仰止。我一直以他为榜样。他的那种谦虚,那种真诚,那种乐于助人,那种善良,那种慈悲心都值得我们学习和效仿。

作为中国人民大学的一名教师,我要学习胡乃武老师学术上求真、理性和严谨的品格,学习他做人的厚道、真诚和善良。我的人生价值观是胡老师塑造的。我年轻时有一些浮躁、骄傲,胡老师很善良,他不直接批评我,而是会通过另外一位老师提醒我。我们要继承他的精神遗产,学习他虚怀若谷、求真务实的精神。

胡乃武老师是我国杰出的马克思主义经济学家,是著名的教育家。虽然他已经离开了我们,但他的精神财富我们一定要传承下去。愿我们共同的导师胡乃武教授在天堂安好。胡老师永垂不朽!

**胡乃武教授和吴晓求教授 2011 年 1 月 8 日在第十五届中国资本市场论坛贵宾室亲切交谈**

宁吉喆、吴晓求、戴柏华等博士生与共同的导师钟契夫教授和胡乃武教授合影

# 跟着导师胡乃武教授做学问

杨瑞龙[①]

6月10日一早接到经济学院院长刘守英教授的电话，告知我恩师胡乃武教授已于9日深夜驾鹤仙逝，一开始时我不敢相信自己的耳朵，继而感到震惊，之后悲从心来。胡老师在太原期间我曾专程赴太原探望过他，当时觉得胡老师的身体状况还是不错的，但没有想到从太原回北京两个月后就撒手人寰。作为胡老师的博士生开门弟子，我不禁悲从心来。我是1987年来到人民大学投师于胡老师门下的，1990年博士毕业留校，在胡老师麾下从教，与胡老师朝夕相处34年，胡老师的音容笑貌历历在目。

我于1984年考入南京大学攻读经济学硕士学位，在思考毕业去向时，一方面考虑到自己对学术具有浓厚的兴趣，另一方面希望步南京大学经济系的洪银兴、金碚等师兄后尘，打算到人民大学进一步深造，在做了一番功课后我打算报考时任人民大学经济学研究所所长的胡乃武教授的博士生。50岁不到的胡老师是当时国务院学位委员会批准的前三批博士生导师中最年轻的博导之一，在经济学界享有盛誉，但我从来没有见过胡老师，对于能否被胡老师看上心里直打鼓。当时正在卫兴华教授门下求学的洪银兴师兄向胡老师推荐了我，我随即把我在南大读书期间发表在《经济研究》《管理世界》《金融研究》《南京大学学报》等学术期刊上的论文寄给了胡老师。当时在南京大学经济系任教的周振华也申请胡老师的博士生，周振华的发表记录也相当不错。胡老师看了我们的申请材料后，对我们两

---

[①] 杨瑞龙系胡乃武教授1987级博士生，曾任中国人民大学经济学院院长，现为中国人民大学一级教授。

位都有兴趣。为了同时把我们招募到人民大学,胡老师专门到研究生院申请免试推荐名额,但只争取到一个免试指标,他建议我们两个商量分享一个免试指标。结果我只考英语,周振华只考专业课,我们两个都顺利考入人大,成为胡老师的博士生开门弟子。

胡老师在校图书馆前与吴晓求、杨瑞龙、邹正方、
郑超愚、韦伟、王辰、王庆等学生合影

胡老师培养学生不是采用"放羊式"的培养模式,而是严格把握每一个培养环节,经常来宿舍督促我的学习进度与科研状况。记得当时我住在东风二楼,胡老师经常会在晚饭后散步来到我的宿舍,名义上说是顺道来看看我,其实我想是来督促我学习的。由于胡老师来我宿舍是随机的,因此我都不敢随意离开宿舍,以免给胡老师留下"偷懒"的坏印象。胡老师来我宿舍既会谈论学术问题,也会讲他的学术生涯与工作经历,同时也会传授生活上的经验。在胡老师的"督促"下,我几乎没有"放纵"自己一天,从早到晚都在努力学习。三年的博士生学习生活很充实,我读了很多经济学文献,学术水平有了明显的提升,博士生的第一年就连续在《经济研究》上发表了两篇论文。

博士生第一年课程学习结束后就开始考虑博士学位论文的选题。入学之前我主要从事的是微观方面的研究,而胡老师从事的是宏观经济管理方面的研究,因此,如何既能发挥自己的研究专长,又能纳入导师的研究方向，是我当时要考虑的问题。在胡老师的指导下，我最终把宏观非均衡的微观基础作为我的博士学位论文的选题，核心内容是运用非瓦尔拉斯均衡理论来重构宏观非均衡的微观经济学基础。胡老师对博士学位论文的要求非常严格，他要求我先做一个文献综述，把研究的难点重点问题及逻辑理清楚，争取形成一本专著，为开题做准备。我的博士学位论文的前期研究经整理后变成了一本专著并正式出版了，加上后来出版的博士学位论文，三年学习期间出版了两本专著。开题报告完成后，胡老师邀请了若干高手来指点，几经修改才确定了写作提纲。然后我埋头写作，度过了许多个不眠之夜，终于完成了博士学位论文的初稿。胡老师仔细审阅了我的博士学位论文，提出了具体的修改意见，改正了一些笔误，也纠正了标点符号。后来在胡老师的争取下，我获得了教育部资助赴海外大学联合培养博士生的名额。在澳大利亚昆士兰大学经济系进修的那一年期间，我读了很多相关文献，特别是完成了研究范式的转型（参见《杨瑞龙学术自传》的相关内容），我又对博士学位论文做了较大幅度的修改。

胡老师（左一）、蒋学模教授（左二）在山西五台山与青年学者合影，右三为杨瑞龙，右二为韦伟

如果有人仔细查看我的个人简历，会发现我的留校工作时间要早于我的博士学位论文答辩时间，原因是我于1987年4月出国学习，7月应该是

我博士毕业的时间，但此时我还在昆士兰大学进修。胡老师觉得我今后适合做经济学研究与教学工作，建议我留校工作。20世纪80年代后期的博士是非常稀少的，我入学的那年人民大学总共仅招收了四十多名博士生，因此博士学位获得者是个"香饽饽"，基本上是想去哪里工作就可以去哪里工作。但在胡老师的召唤下，我也没有做任何其他选择，同意留校任教。胡老师就在我出国期间帮我办理了留校手续，于1990年8月入职人民大学。我于1991年5月初回国，正好赶上论文答辩季。胡老师审阅我的论文后同意推荐我进行博士学位论文答辩，于是我提交了博士学位论文答辩申请，胡老师凭借他在学术圈的好人缘，邀请到了经济学界的大牛卫兴华、厉以宁、张卓元、周叔俊、周叔莲、钟契夫、董辅礽（按姓氏笔画排名）参加了我的答辩会，组建了后来很难有其他博士生可以比肩的超级豪华博士学位论文答辩委员会，这让我终生难忘。答辩委员既充分肯定了我的论文的理论创新，也指出了今后的努力方向，最后全票通过了我的论文答辩。令人遗憾的是，当时拍照的相机发生了故障，意外曝光导致这么珍贵的图像没有被保留下来。在中国人民大学出版社同意把我的论文列入当时在经济学界名气颇大的"经济科学文库"后，我又根据老师们在答辩会上提出的意见进行了大幅修改，有些章节几乎重写。《宏观非均衡的微观基础》出版后，在学界产生了广泛的影响，先后多次加印，发行量超过一万册，这在纯学术著作中并不多见，一般研究非均衡问题的论文大多会引用我的这篇博士学位论文。2020年春节在昆山老家度假期间我接到了商务印书馆编辑的短信，她告诉我商务印书馆拟重版一批改革开放以来优秀的学术著作，我的博士学位论文《宏观非均衡的微观基础》被选中，问我是否同意由商务印书馆重版。我自然非常欣喜。该书毕竟是写作于20世纪80年代末、出版于90年代初，经过了将近30年的时代变迁，无论是我国的体制模式还是经济研究范式都发生了深刻的变化，商务印书馆能够把我的博士学位论文选为改革开放以来的优秀学术著作之一重版，既是对我当时学术研究的一种肯定，也是对胡老师培养博士生质量的一种肯定。我在该书的再版序言中再次感谢了导师胡乃武教授的培育之恩。

　　我留校任教以来正经历我国从传统计划经济体制向社会主义市场经济

2009年第四届"黄达-蒙代尔"经济学奖颁奖会上胡老师与蒙代尔合影

体制转型以及经济学研究范式与教学模式发生重要变革的关键时期，时任经济学研究所所长的胡老师带领全所老师始终走在改革开放的最前沿。胡老师是一个坚定的马克思主义经济学家，但胡老师并不是教条主义地理解马克思主义经济学，而是秉持人民大学"实事求是"的校训，理论联系实际，大胆进行理论创新，为改革开放鼓与呼。早在1979年我国改革开放之初，胡老师就在一篇题为《计划和市场相结合是我国经济管理改革的基本途径》的论文中，提出了社会主义经济是商品经济，应当重视价值规律和市场的观点。1980年在一篇题为《社会主义国家所有制和企业自负盈亏》的论文中，胡老师提出国有企业的所有权可以与使用权、支配权以及经营权相分离的观点，主张把国有企业改造成"自主经营、自负盈亏"的商品生产者与经营者。特别是胡老师在20世纪80年代后期就主持编写了《中国宏观经济管理》，我有幸也参与了该书的编写。该书首次提出社会主义商品经济条件下的宏观经济管理应包括总量管理（需求管理）、结构管理（供给管理）、平衡管理，并分别从经济运行、宏观调控、经济增长与发展等方面构建中国宏观经济管理学的一套理论体系，在中国化的宏观经济学理论体系的构建方面走在了全国的最前沿，在经济学界与实际部门产生了重要的影响。后来在该书的基础上，胡老师主持编写了《国民经济管理学》教材，我也撰写了其中的一章。该教材成为全国国民经济管理本科专业的权威教材。胡老师的学术思想深刻影响了计划经济学专业向国民经济管理专业的转变，从而胡老师成为我国国民经济学专业的奠基人之一。

作者参加胡老师八十寿辰纪念活动并与胡老师合影

留校以来，我不仅一直在胡老师的指导下做学问，而且跟着胡老师学做人。胡老师一直告诫我要认认真真做学问，老老实实做人。过去30多年里，我几乎与胡老师朝夕相处，我从没有看见胡老师做过一件不合他身份的事情，也从来没有看见胡老师乱花一分钱。兢兢业业、踏实本分、严于律己、宽以待人、乐于助人、合作倾听、勤俭节约在胡老师身上体现得特别明显。胡老师为人非常谦和，不仅与学校及学院里的老老少少相处得特别和谐，而且与学界同仁包括与自己观点不太相同的同仁也相处得特别好。能请到那么多国内经济学界超级大咖参加我的博士学位论文答辩，也就只有胡老师能做得到，这足见胡老师在经济学界的好人缘。我后来在各种国内人才选拔会和成果评奖会上得到评委老师的认可，除了我的科研成果还算可以外，与我是胡老师的学生也是分不开的。胡老师还有一个品质让我很敬佩，那就是胡老师在学校有崇高的学术地位，但他从来不会凭借他的学术地位在学院乃至在学校追求影响力与控制力，也不会居高临下地与人交流。胡老师是学校首批一级教授，但他始终平易近人，和颜悦色，乐于帮助年轻人，支持配合学院与学校的工作，从不搞特殊化。

我加入经济学研究所团队后不久，就被任命为微观经济研究室主任，并与胡老师合作发表了多篇论文，协助胡老师完成了多个课题的研究，还一起完成了多本学术专著。其中胡老师任主编、我任副主编的学术专著《当代中国经济发展中的政策选择》获北京市第三届哲学社会科学优秀成果一等奖，胡老师与我共同任主编的学术专著《中国经济非均衡发展问题研究》获北京市第四届哲学社会科学优秀成果一等奖。在胡老师的栽培下，我分别于1992年与1995年被破格晋升为副教授与教授。在胡老师的关怀下，我在经济学研究所这个有助于人才成长的环境下慢慢成长起来，逐渐在经济学界小有名气。1997年经济学研究所、经济系与国际经济系合并，成立经济学院，我被调到经济系任系主任兼经济学院副院长，2002年开始任经济学院院长。在我长达12年多的院长任职期间，胡老师不仅大力支持我的工作，经常给我提很好的建议，而且胡老师从来没有干预学院的工作，放心地让我们年轻人大胆地开展工作，同时胡老师也没有让我去办我觉得为难或者不合适的事情。胡老师是人民大学首批一级教授，后来吴晓求与我也成了一级教授。一级教授导师培养出两个一级教授学生，这在人民大学被传为美谈。

胡老师已驾鹤仙去，但胡老师的音容笑貌还时常在我眼前浮现。师者，传道授业解惑也。胡老师是一个被广泛赞誉的好老师，他为我们众弟

杨瑞龙与恩师胡乃武教授合影，若干年后师徒同时成为校学位委员会委员

子和学生传道授业解惑，培养了许多正在各行各业发挥重要作用的优秀学子。在我今后的从教生涯中，胡老师将永远是我学习的楷模，我不仅要做好学问，还要做好人。

敬爱的胡老师，安息吧！

2020年7月杨瑞龙等弟子前往太原看望胡老师并在家中合影

# 胡乃武恩师留给我的宝贵财富

周振华[①]

人生,有贵人相助,是一种福分、一种奢侈。我三生有幸,偶遇贵人胡乃武老师,让人生轨迹发生了重大转折。回想师从胡老师的那段日子,一幕幕闪过,真切而动人,思绪万千,却难以落笔。还是泼下水墨少许,在纸上奇妙渗化,呈意象画面,以聊表寸心吧。

## 一、胡老师的开明与包容,把我领进了专业研究的大门

大学本科和硕士生期间,老师教导和自己刻苦学习,只是打下了扎实的理论基础。而关于我一生所从事的专业研究工作的抉择,则是在读博期间确定的。

我有幸拜在胡老师门下,成为他的开门弟子之一,实属胡老师的开明与包容之举。在某种程度上,是胡老师选择了我,把我领进了师门。

当时,博导是十分稀有的(但含金量高),博士生招收名额很少。胡老师招收第一批博士生也就两三个名额,并向学校争取到了一个作为特例的免试名额。在此之前,这种免试只适用于本校优秀硕士生的直升,在导师对其知根知底的情况下予以进一步培养。然而,胡老师却以开明与包容的姿态,准备将这一免试名额用于外校的学生。事后我知道,胡老师为此四处打听,收集相关人员信息,查阅其研究成果,了解其具体情况,并进行比较筛选,做足了"功课"。

---

[①] 周振华系胡乃武教授1987级博士生,曾任上海市人民政府发展研究中心主任。

在此之前，我只是看过胡老师的著作和论文，知道他是一位学识渊博、造诣很深的大学者，在老辈学者中属于比较年轻的，但未曾谋面与有过任何接触。也不知我是如何入了胡老师的"法眼"，成为其选择的对象之一。也许，是我在国内主要杂志上发表的一些论文，以及主编的《社会主义市场的系统分析》等，并经一些学者的推荐，引起了胡老师的关注。但这一切，我都浑然不知。直到有一天洪银兴（当时在人民大学就读，是卫兴华老师的博士生）来南京大学找我，说："胡乃武老师第一次招博士生，决定给你一个免试机会去攻读博士学位，你考虑一下。"听之，我有点懵了。这个消息来得太突然了，事先没有一点思想准备。

当时，我在南京大学经济系任教，评上了讲师。尽管进一步深造"读博"一直是我心中的期待和目标，但人生颠簸已多时，想先安顿一下再说。我16岁离开上海，到黑龙江农场上山下乡。恢复高考后，到了牡丹江师院就读。大学毕业后，随即考上福建师大硕士生，师从知名《资本论》研究专家陈征教授。然后，到了南京大学任教。南上北下，一路奔波，没有停息过。那时，我的小孩才3岁，而父母和其他家人都在上海，只能由我们夫妻自己来照料小孩。而且，当时刚好在激烈竞争中分到了学校两室一厅的房子，满脑子还在想如何装修房子呢。

然而，看到胡老师抛来的"橄榄枝"，尤其是听了洪银兴介绍的具体情况后，我不得不为之动容。这确实是一个很好的机会，可轻松入师门深造，好运当头啊！但更让我看重的是：在当时招收名额少、免试只作为特例的情况下，胡老师的这一惊人之举，是要顶压力、冒风险的。不像如今博士生招收名额很多，"直升"已成某种制度性安排。导师第一次招收博士生，都图个"开门红"，尤其是使用免试名额招收校外学生，势必会引起全校注目，弄得不好，就可能把事情搞砸了。胡老师能向我发出"邀请"，更是对我的一种肯定、信任和期待。人生中，还有什么比这更重要、更有意义的呢！于是，没有任何的犹豫和纠结，我断然放弃了刚分到的学校房子，把小孩放到上海父母家里，投奔到了胡老师的门下。

在整个读博期间，我一直揣着一个朴素的想法：胡老师顶着压力，冒着风险把我免试招入，对我有知遇之恩，咱可不能给老师脸上抹黑，而要用自身优异成绩来证明老师开明与包容之举的英明和正确。这成为我努力学习和不断提高专业水平的一种强大动力。特别是在予以我免试的英语上，必须取得良好成绩。英语课是全校这届博士生一起上的，外教给开的课，不讲一句中文，学习起来确有难度。课程结束，英语考试之际，看得出胡老师对我有点不放心，怕我过不了关。考试成绩出来后，胡老师急忙去打听，得知我的成绩是 90 多分，优秀，甚为欣慰和高兴。

在以后的频繁接触中，我日益深切地感受到，胡老师的开明与包容更多体现在指导我的专业研究上。胡老师虽然在经济学研究所带博士生，但我们的专业研究方向是国民经济计划与管理。当时这一专业理论作为计划体制的直接衍生物，主要来自苏联教科书。胡老师自己也算得上计划经济系的"科班"了，长期受此理论熏陶，但他并没有受此束缚，很快转向基于不同基础和框架的宏观经济管理理论。而且，胡老师思想解放，与时俱进，非常乐于接受新的思想和学术，并结合中国实际进行深入研究。在教授和指导我们专业研究的过程中，胡老师更是学术开明，让我们涉猎最新的理论前沿，自主选题研究，不给予强制约束，更多给予鼓励。当时，我博士学位论文准备写产业结构与产业政策问题，这一选题在当时是比较新颖的，国内外相关研究也较少，研究难度较大。开始，我向胡老师汇报这一设想时，还有点忐忑，但没想到，胡老师予以充分肯定，并鼓励我大胆尝试，进行理论创新。这成为我撰写博士学位论文的强大激励，并因此确立了我学术生涯的主要研究方向。除了博士学位论文作为专著《产业政策的经济理论系统分析》出版外，我还陆续出版了《现代经济增长中的结构效应》《产业结构优化论》《体制变革与经济增长》《信息化与产业融合》《服务经济发展》等专著，在《经济研究》等杂志上发表了一系列产业经济学论文。

## 二、胡老师的学以致用、务实求真，塑造了我专业研究的风格

在我的印象中，不管是在课堂上讲课，还是来宿舍与我们交谈，胡老师都从不要求我们躲在书斋里啃书本、抠死理、玩概念，而是要我们系统

学习，掌握理论分析工具，理论联系实际，特别是与改革开放的实践相结合，鼓励我们独立思考，深刻揭示现象背后的深层原因，大胆提出自己的独到见解，发表相应研究成果。而且，他还经常组织博士生进行重大课题研究，在充分讨论的基础上分工撰写有关部分，然后形成集体研究成果。通过这种形式，让我们参与到现实问题的研究上来，运用所掌握的理论知识，分析改革开放、宏观经济管理等方面的热点、难点问题。

例如，他与吴树青老师一起组织当时在校博士生开展了"中国改革大思路"的国家重大课题研究，带领我们收集资料、调查研究、梳理思路、讨论交流，指导我们进行课题设计、确定提纲、确定写作重点、修改完善等，我也参与了其中的研究和写作。后来，这一"中国改革大思路"的人大版本因其研究扎实、提出了独到的改革思路而获得首届孙冶方经济科学论文奖，我也就"沾光"了。但更大的收获是，我从中全面了解了我国20世纪80年代改革开放的进程及其特点，充分认识到当时价格"双轨制"等问题的复杂性和严重性，深切感受到进一步改革所面临的艰难抉择，也认真深入思考了如何推进改革、减少改革风险的思路和操作路径等。在读博期间，这种能够运用现代经济学方法和工具分析和研究中国改革开放现实问题的机会是非常难得的。胡老师经常为我们提供这样的机会，使我们得到了"实战"的磨炼。

胡老师这一治学品格对我的影响极其深刻，甚至决定了我的学术和职业生涯。博士毕业后，我到了上海社会科学院经济研究所，从事理论研究工作。在此过程中，我就特别注重学以致用，用书本知识去解释现实问题，从现实问题中抽象出理论。除了自己继续在产业经济、企业改革、体制变革与经济增长等专业领域开展学术研究外，还组织了上海高校、研究院所的专家学者研究中国经济问题，每年抓住一个现实经济中比较突出的主题，撰写《中国经济分析》，连续十多年之久。由于身处上海大都市，自然也比较关注上海这座城市的发展，做了大量城市方面的理论与实证研究以及政策研究。后来，也正因为此，2006年我到了上海市人民政府发展研究中心工作，任党组书记和主任，作为市委和市政府的高参，从事决策咨询研究。在这一工作岗位上，我得以把理论与实际相结合、理论研究与咨询研究相结合发挥到淋漓尽致的地步。进而，在原有专业研究的基础上，进一步转向空间经济、全球城市等领域的研究，主编了《上海：城市嬗变及展望》三卷本，出版了个人专著《崛起中的全球城市》《全球城市：演化原理与上海2050》《全球城市：国家战略与上海行动》《卓越的全球城市：国家使命与上海雄心》等。回想起来，这一切都是受胡老师言传身教、潜移默化的影响。

## 三、胡老师对后辈的鼎力提携，为我铺平了专业发展的道路

初次接触，大家只觉得胡老师十分平易近人，对学生关心备至，爱护有加。我也有深切感受。在读博期间，我爱人带着小孩暑假来京探亲，没想到竟突发大病住院，还发了病危通知，胡老师对此非常关心，给予大力帮助，解决了我的很多后顾之忧，直至我爱人病愈。之后，还多次问起我爱人的情况。

后来，我越来越感受到，胡老师对学生倾注了全部心血，不仅把弟子"领进门"，而且尽其所能予以培养提携。记得有一次在胡老师家里闲聊，他问起我最近在忙什么。我汇报说，最近正在翻译国外金融百科的"创新"等词条，要求很高，不仅要表达精准，而且要词意贴切。他马上问：

"有问题、有困难吗？要不要找一下高鸿业教授？"我回答："那当然好啦！有高鸿业教授把关，翻译质量就不成问题了。"胡老师立即拿起电话联系高鸿业教授，并约好了时间。第二天下午，胡老师亲自陪我去了高鸿业教授家里。高鸿业教授眼睛不太好，几乎是贴着稿纸对照原文进行校对，一丝不苟，不时给我指出一些错误，以及需要注意的地方，搞了整整大半天，让我十分感动和敬佩。这不仅使我完成了一项翻译工作，而且帮助我大大提高了翻译技巧。

又有一次，胡老师拿了一本董辅礽所长新出的专著《经济发展战略研究》给我，叫我写一个书评。当时，我吓了一跳，一个无名小卒怎能给著名经济学大师写什么书评?！胡老师说："没关系的，我已跟董辅礽所长讲过了，他已同意。"胡老师还鼓励说："你好好把书看一下，把握其精神实质，争取写出一篇好书评来。"面对如此重任，我不敢有丝毫懈怠，花了很多功夫，写了一份初稿。胡老师对初稿进行了认真修改，并带着我去董辅礽所长家。我清晰记得，那天晚上，胡老师和我骑着自行车，跑了很远的路，来到董辅礽所长家里。董辅礽所长热情地招待了我们，并认真仔细地阅读了书评。我在旁边慌张得直冒汗。胡老师在边上却还一个劲地夸我。幸好董辅礽所长看完稿子后说写得还不错，我这才缓过劲来。随后，董辅礽所长与我们交谈了好些问题，还问了我的一些情况。显然，胡老师

周振华受聘人大经院兼职教授并做学术报告

不是仅培养学生的能力，分明是在向大师推荐、提携后辈。

在胡老师的关心和帮助下，我抓紧时间提前完成了毕业论文。1989年政治风波一结束，胡老师就赶紧张罗我的博士学位论文答辩。这是他的弟子中的第一个博士学位论文答辩会，胡老师非常用心，投入了大量心血，把李震中、卫兴华、张卓元、周叔莲、周叔俊、钟契夫、董辅礽、肖灼基以及当时国家统计局局长张塞、国家计委投资研究所所长田江海等大牌教授都叫来了，组成了一个豪华的答辩委员会。我心里明白，胡老师用心良苦，想通过答辩会把我这样一个后辈引荐给诸位学术大师。会后，确实有一些老师纷纷问我，毕业准备去哪里，想不想去他们的单位工作。事后，胡老师又极力推荐我的博士学位论文列入中国人民大学"博士文库"的第一批入选论文出版。这为我以后的发展打下了良好基础。

顺利通过答辩后，我提前半年毕业，1990年初去了上海社科院工作。凭借在人大读博期间所积累的资料和知识存量，我又很快出版了两本学术专著。靠着这三本专著和数十篇在《经济研究》等刊物上发表的论文，在1991年底，我被破格评为研究员。随后，有幸成为享受国务院政府特殊津贴专家，并获得国家有突出贡献中青年专家、国家百千万人才、国家社科领军人才等称号。这一切都是承胡乃武恩师所赐，导师恩情难以回报，永远铭刻在心。

**周振华受聘人大兼职教授时与胡老师合影**

# 追忆先生

罗欢镇[①]

6月10日的东京,一大早气温飙到25度。闷热,浑身难受,总觉得有什么事情要发生,不幸传来了恩师驾鹤西去的噩耗。

捧着先生亲笔题写着"欢镇教授指正"的《胡乃武文选》(中国金融出版社),不禁潸然泪下。先生的往事一幕幕浮现在眼前。

那是1989年初夏一个闷热的傍晚,残阳如血。胡老师急匆匆地来到我住的红三楼。"小罗,上级有指示,今晚学生都必须留在学校,不要出去。我上了年纪了,跑不快了,你赶紧到研究生宿舍去通知他们。"

当时我是经济学研究所的讲师,又在职读胡老师的博士。胡老师既是我的领导,又是我的导师。他住人大校园内的静园,离我住的红三楼有一段不小的距离。

听了胡老师的指示,我赶紧跑到人大南边的研究生宿舍,楼上楼下地找经济学研究所的研究生,宿舍里一个人都没有。"那就没有办法了。不出事就好。"胡老师一脸的焦虑和担忧。

风波后的第二天,人大校园风声鹤唳,各种传言搅得人心惶惶。教工食堂前面有一个小卖部,大家都在那里抢购手电筒、电池、面包、饼干、挂面、方便面、白面馒头。货架都空了。忽然想起胡老师,赶紧跑到胡老师家,见胡老师和夏师母(八一中学的特级教师)两个人正安安静静地坐在书房里。胡老师坐东朝西,在审读研究生的毕业论文;夏师母坐西朝东,在准备高中课程的教案。我报告了校园里的传言和抢购,问家里有什

---

[①] 罗欢镇系胡乃武教授1988级博士生,日本东京经济大学教授。

么准备,需要我帮忙买点什么。胡老师一脸平静:"不要去管他们,相信政府。越是这个时候越要冷静,做好自己的事情。"平静的话语透出胡老师对局势的信心和对学生的负责。从那以后,无论发生多大的事,我的脑海里总会浮现出胡老师的那一脸平静和自信。

早年间胡老师与夫人的合影

在人大校园里,胡老师以关怀学生、提携后进著名。《胡乃武文选》里介绍了他帮助学生成长的很多故事,也收录了多篇与学生合写的论文,其中有两篇是我在胡老师的指导下写的。(我都忘了有这样的论文!) 20 世纪 80 年代中后期,"造导弹的不如卖茶叶蛋的"、出租车司机成为高收入阶层等现在看来不可思议的反常现象成为一个重大的社会问题。针对这一重大问题,胡老师要求我所在的经济发展研究室集中精力研究收入分配问题。我也在胡老师的指导下,着手研究收入分配的效率与公平、研究收入改革的目标模式等问题。初稿写出来以后,胡老师不但对论文的架构和观点给出了中肯建议,而且逐字逐句修改。在我的印象中,胡老师修改以后我誊清,然后胡老师再修改,最后才定稿。现在我自己也带研究生,在指导学生论文时,我总是想起当年胡老师指导我的模样,要求自己也像胡老师那样帮助学生成长。

1994年，胡老师率队访问日本，与我在一桥大学的指导教官（国内一般称导师）南亮进教授会面，我做翻译。南先生根据胡老师的要求，重点介绍了日本的国有企业民营化，既谈到了19世纪80年代明治维新初期建立的富冈制丝所的民营化过程，也谈到了20世纪80年代日本国铁和日本烟草等国企的民营化。胡老师在听了南先生的介绍后，对民营化过程中的国企定价、债务处理、劳资关系以及民营化以后的效率等提出了很多问题。记得南先生事后对我说："没想到你的老师对日本民营化那么熟悉，对细节那么重视。"胡老师不是研究日本问题的专家，我想一定是他出于对学术的严谨追求和对中国学术界的维护预先做了很多准备。

一个人在人生转折关头能碰到睿智慈祥的老师一定是很幸运的，胡老师就是我人生重要关头的导师和恩人。尽管由于留学日本我早早离开了人大，但胡老师的教诲是我终身享用不尽的财富。

胡老师，谢谢您。愿您在天国好好休息。

# 追忆恩师胡乃武先生

王文松[①]

今天我怀着无比沉痛和崇敬的心情送别胡老师，参加追思会。刚才吴校长晓求师兄的追思和感想我深有同感，刘校长、杨院长和泰岩师兄他们对胡老师的追思和评价我非常赞同。

胡老师一生追求真理、信奉马列。他追随我党，勤勉奋斗，为中国的革命、建设、改革，为中国的教育事业，为人民大学的学科建设和发展做出了巨大的贡献。

胡老师治学严谨、成果丰硕。我认识胡老师是在我于1986年经济系本科毕业、成为经济学研究所硕士研究生的时候，他是我们的所长。经济学研究所是我们人民大学为适应当时国家经济体制改革需要理论创新的时代背景和要求而成立的。胡老师任所长，他治学严谨，培养了一大批优秀人才。吴晓求校长、杨瑞龙师兄是优秀代表，我们这批学生走上工作岗位后，在各自的工作岗位上为中国的改革开放、经济发展做出了贡献。在学术方面，我印象最深的是当时就我们国家国有企业股份制改革、价格改革、社会主义市场经济理论的创立，我们人民大学经济学研究所在胡老师的带领下做出了巨大的贡献，取得了丰硕的成果。

胡老师师德高尚，关心学生。我在经济学研究所读书的时候胡老师推荐我参加了我们国家体改委体改所举办的，在人民大学和北京大学各选十个研究生培养体改精英的二十人班。在那个班我对我国经济体制改革的前

---

① 王文松系胡乃武教授1986级硕士生，2005级博士生，国家发改委国家投资项目评审中心原副主任，国家开发银行专家委员会正局级资深专家。

沿动态、重大理论、目标模式、方法步骤等有了较好的理解。我的硕士学位论文是胡老师主持答辩的,他对我的要求很严,提了很好的指导意见,让我认真修改,论文最终得了优秀,给了我很大的鼓励。我的论文答辩完以后,胡老师让我留校,我很愿意留校当老师搞理论研究,但想先到实际部门工作了解点中国改革实践,就跟胡老师说我想到实际部门工作两年,再考他的博士生回来留校。他问我想去哪里,我说我想去国家计委(2003年改组为国家发改委),因为当时改革的重点是计划经济体制。胡老师推荐我到了国家计委。一去就是十多年,再回来找他时他说:"现在晓求学术造诣很深,在学术上有很高的地位,你考晓求的博士生吧,我也参加一起指导。"

师从晓求老师攻读了金融学博士学位后,我 2011 年到了国家开发银行工作,可以说无论是在国家计委十多年的工作,还是现在到国家开发银行的工作,都得益于胡老师的指导、帮助,得益于在人民大学受到系统的马克思主义经济理论的熏陶和西方经济理论知识的培训,受到胡老师品德和工作作风的影响。我在国家计委的工作非常顺利,参加了我们国家投融资体制改革方面的一系列重要法规制度的制定工作。到国家开发银行以后也

图为王文松参加胡老师从教五十周年暨八十寿辰学术研讨会时与胡老师的合影

在我们国家"走出去"方面做了一些工作。

  我非常感谢胡老师,在后来相当长的时间里,我经常去看望胡老师,胡老师也是一有事就给我打电话。"文松你忙吗?有空过来一下",经常在我耳边响起。就在前年和去年,他八十五六岁高龄了,仍然思路清晰。我过去以后他都关心我的工作,和我一起探讨热点问题,包括"一带一路"和"走出去"过程中的风险问题等。此外,他生活当中遇到的一些问题,都和我交流。由于疫情等原因,我已有一年没见胡老师了,先是听说他回山西了,后来又听说他回北京了。还没有来得及去看他,他就离我们而去了。噩耗传来,万分悲痛。我非常感谢胡老师,十分怀念胡老师,愿他在天堂安息。

# 高山仰止　吾辈楷模
## ——追忆胡乃武先生

韦　伟[①]

时间过得真快，不知不觉中胡乃武先生仙逝已经半年了，但在脑海里我始终不愿意相信这个残酷的现实。我感觉先生还是与我们在一起，关注着他一生挚爱的经济学教学与研究，关注着他辛勤培育的一批又一批学生。

胡乃武先生是新中国国民经济学学科开拓者和带头人、中国人民大学荣誉一级教授，是我国杰出的经济学家、教育家。中国人民大学胡乃武教授治丧委员会评价胡先生的一生，是为共产主义事业拼搏奋斗的一生，是为马克思主义经济学教育与研究事业砥砺前行的一生，是为中国人民大学的建设与发展事业呕心沥血的一生。该评价恰如其分，真实地反映了胡先生对党忠诚、信仰坚定、教书育人、严谨治学、为人正直的高尚品格。

想着先生慈祥而睿智、平静而坚定的遗像，和先生接触的点点滴滴浮现在我眼前。我感觉先生一生最大的特点是他那强烈的报国情怀、不懈的理论追求、严谨的治学态度和对学生无微不至的关怀。

（1）先生给我的最深印象是他对祖国、对党、对人民的挚爱，他那强烈的报国情怀。先生曾多次说，他中学、大学、研究生阶段均是靠拿助学金完成的，是党和国家培养了他，没有党、没有新中国就没有他胡乃武的一切，他要毕生为党、为国家做工作，以报答党和国家的养育之恩。他是

---

[①] 韦伟系胡乃武教授1992级博士生，曾任安徽省人民政府副秘书长、办公厅主任。

这么说的，也是这么做的，一做就是一辈子。记得1991年夏天，我第一次去北京拜访先生，汇报自己的学业和读博的打算，那一年安徽省遭遇了历史上罕见的洪涝灾害，引起全国的高度关注。先生见到我后，忧心忡忡地问安徽的灾情怎样，灾民的安置情况怎样，淮河的治理情况怎样，等等。先生是山西文水人，与安徽并无交集，但任何一地有难，先生都牵肠挂肚，他心中装的是整个国家。在读博期间，先生曾多次对我们说，现在是历史上最好的时代，你们这一代人很幸运，不受干扰，一定要充分利用时间，好好读书，掌握了更多知识才能更好地报效祖国。

**胡老师（左一）、周新城教授在安徽天柱山与作者合影**

（2）先生始终关注中国经济学的进步与发展，秉持对理论的不懈追求，始终活跃在经济学研究的理论前沿。先生的本科和研究生读的是国民经济计划，可谓是传统的计划经济专业。在20世纪70年代末，中国改革开放刚刚拉开序幕，先生就敏锐地感觉到，商品经济发展是中国经济改革不可逆转的大趋势，并积极投身经济变革。标志性的成果主要包括1979年在《经济研究》上发表的论文、由他主编并作为主要撰稿人的《经济杠杆导论》以及1989年出版的《中国宏观经济管理》。先生是我国最早提出社会主义也可以搞商品经济（后来被称为市场经济）的经济学家之一，为中国改革开放事业的顺利推进做出了自己的贡献。可以想象，像他这样一个长期接受传统计划经济理论熏陶、学习的研究人员，义无反顾地抛弃固有思维，旗帜鲜明地倡导社会主义商品经济，为改革开放鼓与呼，思想转变难度之大、困惑之多是今天的我们难以想象的。这种转变只能说明一点，那就是先生对党和国家的挚爱、对真理与科学的追求、对时代大势的把握。

先生在中国改革开放推进的各个阶段，都始终站在学术研究的前沿，在学术上的巨大贡献集中体现在《胡乃武文选》中。21世纪尤其是党的十八大以来，先生高度关注我国经济发展新理念、新战略、新格局，坚决拥护以习近平同志为核心的党中央的一系列治国理政方针政策。

韦伟博士学位授予仪式上与胡老师的合影

（3）先生对学术研究的态度可谓一丝不苟、精益求精，体现了一个经济学工作者严谨、务实、开放的高尚品德。我曾经看过先生的课堂讲稿，那厚厚一本带着红、蓝、黑三种颜色、密密麻麻但端正而秀丽的字迹的手稿，让做过多年教师的我震撼不已、自愧不如。至今我还保存着当年我的博士学位论文送审稿，上面有着先生的多处批注和修改文字，可见先生是在逐字逐句地审读。我们这一代年轻人，改革开放后大量阅读了西方经济学译著，导致自觉或不自觉地习惯于用欧式长句来表述，而先生总是用最准确、最直白、最朗朗上口的文字帮我们调整。先生说，他一生最喜欢的是著名作家老舍先生的文字，工作之余他通读了全部《老舍文集》，这对他的文字水平提高很有好处。文章是写给别人看的，讲课是讲给别人听的，一定要言简意赅、通俗易懂，用最通俗的语言阐述最深奥的道理才是大家。先生的这番话对我后来的学习和工作影响很大，我一直在朝着这个目标努力前行。

**胡老师与学生们在人大资料楼前合影**

（4）1993年我结合自己平时的研究和理论兴趣，在选择博士学位论文题目时拟打算研究"区域差异与区域协调"。实在地说，当时去向导师汇报自己的选题时，心中很是忐忑不安。我知道先生一直是研究宏观经济管理的，考虑的是党中央国务院关心的大事要事，区域差异与区域协调既不属于宏观问题，也不属于微观问题，当时区域经济学研究还没有今天这样热闹，因此，我担心我的想法通不过。先生在认真听完我的汇报后，问我打算从哪个角度写。这还真一下把我问住了。这个问题我真没想过，我最朴素的想法是如何能让我所在的欠发达地区加快发展，赶上发达地区的经济发展水平。在与先生解释一番后，先生郑重地对我说："第一，这是个好题目，虽然目前区域差距问题还不是很严重，但随着社会主义市场经济的发展，参照国外一些发展经验，区域差距会越来越大，问题会越来越严重，这个问题迟早会上升到国家层面，选题有前瞻性。第二，这个题目不能局限于一省一市，要从宏观看区域，从宏观经济管理角度来研究区域协调发展问题。小平同志说第一步要让一部分地区一部分人先富起来，第二步就是先富带后富，最终实现共同富裕。现在还是处于第一步阶段，出现区域差距是正常的。到了第二步时，就要研究怎么先富带后富，如何实现区域协调发展，以及如何走向共同富裕。第三，区域协调发展的机制怎么设计？单纯靠'看不见的手'调节行不行？靠政府计划调节行不行？我看还是要计划和市场相结合。"先生的一席话，给了我很大启发，尤其是从宏观经济管理角度看区域，一下子就解决了我很长时间的困惑。角度选对了，找到了切入点，后来写的过程也就得心应手了。最终在博士学位论文答辩中，论文得到了各位答辩委员的好评，这与先生的精心指导是分不开的。

胡老师与1992级博士生韦伟、王辰、郑超愚等合影

（5）先生对学生的关怀、提挈可谓无微不至。在读博期间先生就带着我参加了多个全国性学术会议，并将我介绍给一些老前辈，不遗余力地提携后进。我的博士学位论文评审专家和答辩委员都是先生亲自选定、亲自联系的，其中包括我所敬仰的董辅礽、张卓元、胡代光、钟契夫、王积业、闻潜、刘方棫、周新城、杜厚文等一批老一辈经济学家。这些经济学家的学术专长及学术观点不尽相同，但先生对他们一视同仁，体现了先生兼容并蓄、博采众长的风格。答辩后，先生又鼓励我将博士学位论文取其精华提炼成一篇新的论文并亲自为我联系《中国社会科学》杂志社，最终论文以中、英文两种文字在《中国社会科学》1996年第2期、1996年冬季刊上全文发表。若没有先生的指导，论文在《中国社会科学》上发表是不可想象的。博士毕业时，先生说我们这个专业最合适的单位就是国家计划委员会（现在的国家发改委），并亲自联系落实。我在国家计委工作了几个月，由于各种原因后来回到了安徽大学任教。在安徽大学任教期间，先生曾先后两次去安徽耳提面命，继续指导我的工作和生活。1997年先生又

韦伟（后排右一）博士学位论文答辩会后，答辩委员卫兴华（前排左二）、钟契夫（前排右二）、胡代光（前排右一）、张卓元（前排左一）、杜厚文（后排左二）、周新城（后排左三）与导师胡乃武（后排右二）等合影

积极推荐我担任中国人民大学兼职教授、博士生导师,我于1998年首次在中国人民大学经济学院招收博士研究生。地方院校学者任中国人民大学经济学院兼职教授、博导,我是第一个。我深知以我的学术水平是不够的,是因为先生的鼎力支持,寄托着先生对下一代学子的殷殷期望。我成长的每一步都凝聚着先生的关心和帮助,凝聚着先生对后生的提携和期待,可以说没有先生,就没有我的今天。惭愧的是,我做得并不是很好,在很大程度上辜负了先生的厚爱与培养。斯人已逝,长哭不已。

想追忆的事情很多很多,用文字表达出来的只是只鳞片爪。先生道德文章,高山仰止;先生为人为学,吾辈楷模。先生对马克思主义的坚定信仰、对中国改革开放的推动、对国民经济学学科建设的贡献、对无数青年学生的培养,是先生留给这个世界的宝贵财富,将值得我们永远敬仰!

胡乃武先生千古!

韦伟博士学位论文答辩后与胡老师的合影

# 怀 念 恩 师

万晓芳[①]

从桃峰园送完您最后一程,
感觉自己才变得状态清明。
从6月9日惊闻您离去,
整整七天,
体会了何为"人生无奈",
何为"恍如隔世"。

这七天啊,
似乎被上天之手抽离,
去做了一个梦,
梦中经历了
您不言一声
便驾鹤西去,
不顾众人
愕然伫立。

梦中看见
您安然卧眠于青山怀抱,
而我亲手

---

① 万晓芳系胡乃武教授1990级硕士生、2010级博士生。

在您墓前撒下菊花瓣粒。

今天，我梦醒般地跌进现实：
您是真的走了，
去到另一个天地……

我知道，
明德楼839办公室
再也找不见我牵挂的恩师。
我知道，
电话那头再也不会传来
那一声温和悠长略带口音的
"喂～晓芳啊，
我是～胡～老～师～啊"。
我知道，
乐我之乐、忧我之忧的恩师，
再也不会一边泡茶
一边听我唠唠工作和生活的样子……

可是
我也知道，
在我往后的余生啊，
当晨曦中传来清脆的鸟鸣，
那是您在提醒我莫负光阴。
当夕阳西沉尚有一道金光透过云层，
那是您在说，
黑夜的降临只是光明拉上了窗帘，
崭新的一天很快又会来临。

我也知道，
当我在工作中再获成就时，
我还要脚踏实地继续向前。
当我在生活中面临困顿时，
我要不失方寸从容以对。
当我工作繁忙精力不济时，
我要懂得照顾身体健康第一。
…………
因为，那是您最经常
叮咛我的话语。

恩师您知道么，
我会永远怀念您，
我会永远感谢您，
感谢您在我这一世，
给了我
亦师如父的
真挚。

**胡老师与万晓芳（左一）、范炳龙合影**

# 悼 恩 师

王 辰[1]

聆听过您无数次的教诲
却未能前去送您一程
万物都有恭迎之心
而我未能握住您最后的余温
几天来，在细雨绵绵的伫立中
在案前无语的枯坐中
一次次闪烁着您如佛的面容

在既往的小诗里，我曾尊您为
孔夫子般的老师
当您翻看到我诗集中的这首小诗时
竟随即给我打起了电话
悠长而磁性的语调
让我如沐春风，久久回念

恩师，您和我的父亲同年出生
父爱如山，同样适用于您
说真的，我从没有和我的父亲
谈论过工作和学习

---

[1] 王辰系胡乃武教授1992级博士生，供职于交通银行股份有限公司。

而您对我的工作、学习和生活

都给予过无人能及的教益

而您也曾轻吐些许的缺憾

恩师，现在您驾鹤了，清风吹拂

托举起高大无边的紫金莲

愿您收起回望的慈光

愿您合上不舍的眼神

月亮初升，云汉浩荡

万里山川将长存您高贵的灵魂

胡老师（居中）六十大寿时与弟子们聚会

# 先生驾鹤西去　弟子长歌当哭

杨再平[①]

昨晚看新闻联播时从"胡门弟子"群得知我们敬爱的胡乃武老师去世的消息，感到非常突然，非常悲痛。实乃"斯人已逝，长歌当哭"。

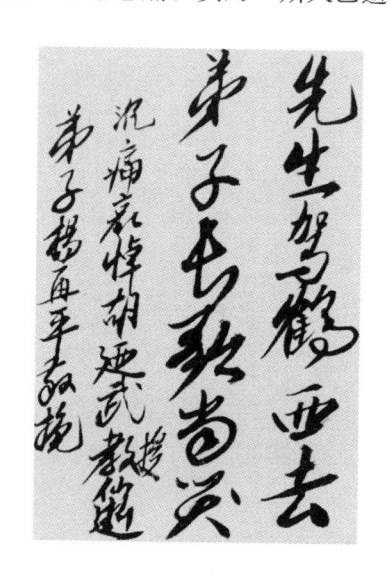

中国人民大学当晚发布的讣告对我们胡老师已做官方盖棺定论：中国共产党优秀党员，我国杰出的经济学家、教育家，新中国国民经济学学科开拓者和带头人，国务院政府特殊津贴专家，中国人民大学荣誉一级教授、博士生导师、中国人民大学经济学研究所所长胡乃武教授……信仰坚定，忠诚党的教育事业，教书育人，严谨治学，为人正直。胡乃武教授的

---

① 杨再平系胡乃武教授1994级博士后，曾任中国银行业协会专职副会长。

一生，是为共产主义事业拼搏奋斗的一生，是为马克思主义经济学教育与研究事业砥砺前行的一生，是为中国人民大学的建设与发展事业呕心沥血的一生。他的逝世，既是中国人民大学的重大损失，也是中国经济学界的重大损失。

**胡乃武做学术讲座**

作为深受其教诲及恩惠的胡门弟子，我的感受与思念定然更深、更细、更特别。第一次面见胡老师真容是1992年他作为我博士学位论文的评委与答辩教授。他在评语和答辩中对我的博士学位论文做了较高评价，让我很受鼓舞，同时也自我判断我在先生那里留下了较好印象。所以，1993年人民大学招收首届一名经济学博士后时，刚从加拿大做高级访问学者回归武汉大学的我，就直接向他写信申请，未想到他收到我的信后就亲自去学校替我争取那一个名额，很快我就收到了人民大学的录取通知书。就这样，我得以进入经济学研究人员仰慕已久的中国人民大学，成为他任所长的经济学研究所的博士后研究人员与副教授。

那还有一个细节。我报到当日，胡老师告诉我说有一个1 500美元的博士后专项赞助课题（这在当时算是经费比较高的），离申请截止日期只有一周了。他让我赶紧申请，并亲自给卫兴华、胡代光、周淑莲等教授打招呼，恳请他们写推荐函，结果他们都立马写了，也赶上了。

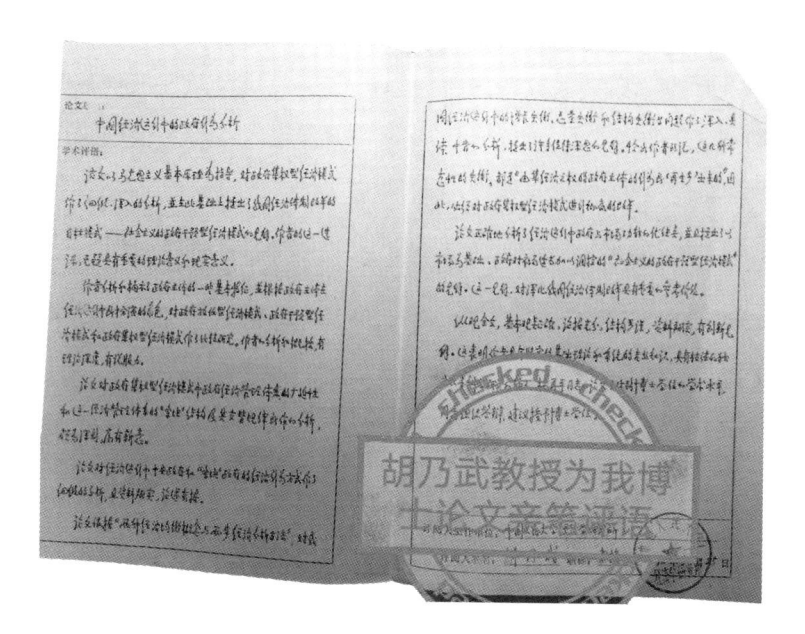

进入他所领导的经济学研究所后不久，他又指定我担任宏观研究室主任。研究室虽没几个人，但这名头当时在京城是挺管用的，以至于中央电视台、北京电视台等媒体都常邀我去做访谈。一时曝光率大增，让刚从武汉来京城的我感觉找到了出海口！

**胡老师与杨再平合影**

他还推荐我去给北京外国语大学胡文仲教授拟派澳大利亚学习的研究生用英文讲授"当代西方经济学与澳大利亚经济",让我既有机会密切接触了过去只在"Follow Me"英语学习电视节目里见到并仰慕的胡文仲教授,又大大提高了专业英语水平。

那两年,在他的亲自带领下,我们经济学研究所同仁,包括杨治、吴晓求、杨瑞龙、方芳、黄隽、包明华等教授与博硕研究生团队,深入实际现场调研,做了好几个有影响力的重大课题。比如,为深圳撰写八五深圳市统计白皮书、九五深圳市统计白皮书,受到国家统计局和深圳市委市政府的高度评价;与国务院发展研究中心共同为山东泰山大曲系列酒产品做市场品牌营销策划论证,取得成效,得到当地政府与酒厂的真心赞许;与中国社会科学院合作共同为珠海市谋划发展蓝图,不少好建议至今仍在发酵。

那两年，在他的带领下，除理论与实际紧密结合研究硕果累累之外，更大的收获是近距离感受胡老师与世无争、与人为善、宽厚待人的风格。他在学术上那样有建树，作为中国人民大学一级教授、博士生导师、经济学研究所所长，怎么也算学术权威与领导，但在他身上却丝毫不见盛气凌人、颐指气使的霸气，常见的只是满面笑容、宽厚仁慈，生怕伤害谁，包括下属与学生。据说他安排出国名额都让候选人抓阄，从不直接指定，机遇随机分配，正好反映了他不愿伤害任何人的性格。作为领导不专权，生怕伤害下属，宽厚对待下属，是非常难得的，更是大小领导们稀有的高尚人品。

他与世无争，却赢得了那么多学术成果与相应的崇高学术地位；他与人为善、宽厚待人，更赢得了学界同仁、同事、下属、学生的衷心爱戴。这样靠实力、靠友善的人生赢家，是值得我们永远师从的！

先生驾鹤西去，弟子长歌当哭。我们敬爱的胡老师千古！

# 追忆恩师

闫 衍[①]

2021年6月10日早晨8点半，杨师兄发来微信，说胡老师于昨晚走了。当时正在上海参加一个会议，刚到会场落座，看到这条信息仿如五雷轰顶，悲从中来，一时无法接受这突来的噩耗。

2020年7月我和杨师兄及佩洁师妹去太原看望胡老师，尽管他年事已高，腿脚行动略有不便，但还是显得很有精神，状态还好，还是那么慈祥。老师耳聪目明，还是很健谈，我们在他家里聊天，拍照合影，未曾想这竟是我们最后一次照相合影了。记得去年4月佩洁师妹说，胡老师已经从太原回到了北京，本想着找机会去看望老师，没有想到短短的两个月，胡老师就永远离我们而去，天人永隔。

1996年我于人大国民经济管理系硕士毕业后，继续攻读博士学位，顺利考入人大经济学研究所，有幸成为胡老师的门生。那时候胡老师正处于人生学术和事业的巅峰时期，他既是人大经济学研究所的所长，又是国民经济管理学的学术带头人，能够成为胡老师的博士生，是我人生的大幸。

回想跟随胡老师学习的三年时光，既有他对我们专业学习的严格要求，又有他对我们生活家庭的体贴关怀；他治学严谨、为人谦和，既是我学习上的导师，也是我精神上的慈父，每次和他交流，谆谆如父语，殷殷似友亲。每当有学术和学习方面的问题需要讨论交流时，他总是能够给我启发和引导，使我三年的博士学习生涯收获满满。胡老师不仅教会了我如何治学，而且传授给了我为人处世的能力，这一切使我受益终身。

---

[①] 闫衍系胡乃武教授1996级博士生。

2020 年 7 月胡老师在太原家中与弟子杨瑞龙、闫衍、李佩洁合影

  胡老师的学术影响力是他那一代人中的佼佼者，他严谨的治学态度给我们留下了深刻的印象。记得博士学位论文答辩时，当时邀请的答辩委员都是学术界的大腕，答辩前有一位著名的教授对我的博士学位论文的部分观点提出了疑义。在这紧要关头，胡老师要我去听取该教授的观点和意见，虚心接受他的反对意见，同时要我表示以后再请他多指教。这一事件成为我博士学习最后阶段的一个美好插曲。现在回想起来，和胡老师讨论论文答辩前前后后的事情恍如昨天，历历在目。

  多年以后一个偶然的机会，又有了持续十多年的、每年总是能有很多和老师见面交流的机会和时间。那是 2006 年的秋季学期，我们公司与人大经济研究所建立了合作关系。在胡老师的关怀和支持下，我们共同开展中国宏观经济研究，创建了中国宏观经济论坛。每次月度、季度和年度宏观经济报告的讨论会和发布会，总是能看到老师的身影，就像当年在学校里学习一样，又有了与老师朝夕相处的机会。每次的宏观经济报告发布会，他总是第一个到达会场。会议结束后看到他行动略有迟缓的背影，不免有点担心，他毕竟年岁已大，讲话也没有以前那么多了。几次看着他步履蹒跚，有点孤独的身影，心中难免陡生伤感。

**2015年胡老师参加宏观经济论坛并发表演讲**

　　回顾胡老师的学术生涯，他从人民大学研究生毕业后留校任教，到成为著名的经济学家。他著作等身，学术贡献卓著。早在20世纪70年代末，"文化大革命"刚刚结束，全国进行理论上的"拨乱反正"时，他就提出了"按劳分配决不会产生资产阶级"的观点。这一理论观点为完善我国社会主义初级阶段的按劳分配理论做出了重要贡献。他在《略论劳动报酬及其形式》中进一步指出："正确确定劳动报酬，对于实现社会主义生产的目的，调动劳动者的积极性，加强劳动者之间的团结，保证社会主义再生产比例关系的协调，加快社会主义生产的发展，都具有十分重要的意义。"在改革开放之初，胡乃武教授就提出了社会主义经济是商品经济，应当重视价值规律和市场的重要学术观点。他指出："不发达社会主义阶段的公有制，不仅是计划经济，而且是商品经济，正是基于对现阶段社会主义经济的这种认识，我们认为，计划和市场相结合是我国经济管理改革的基本途径。"这一观点为我国从计划经济体制到市场经济体制的改革提供了重要的理论基础。胡乃武教授较早地按照商品经济的要求提出了我国经济体制改革的基本思路，在当时传统的计划经济时代提出这些学术观点，还是需要很大的学术勇气的。这些观点为我国后来的改革开放在实践和理论上的创新奠定了重要的基础。

　　胡乃武教授的《经济杠杆导论》（1985年）是一本重要的探讨我国有

计划的商品经济体制下宏观经济调控和管理的著作，也是我国经济学界最早问世的一本关于经济杠杆的专著。他在该书中界定了经济杠杆的概念和功能，揭示了经济杠杆的基本特征，阐述了价格杠杆、税收杠杆和信贷杠杆的调节功能，论证了综合运用经济杠杆调节经济的必要性，阐述了如何运用经济杠杆进行宏观调控的问题。他提出"用经济方法管理经济的问题"的观点，较早地论证了经济手段在宏观调控体系中的重要作用，为完善我国宏观经济管理做出了重要的理论贡献。

胡乃武教授是中国宏观经济管理学理论体系的开拓者。早在20世纪80年代中后期，他就组织编写了《中国宏观经济管理》一书。虽然当时我国还没有把市场经济体制作为我国经济体制改革的目标，但他在当时已经按照社会主义市场经济条件下的宏观经济管理思想来统筹全书的编写。胡乃武教授指出：社会主义条件下的宏观管理既要发挥市场在资源配置中的基础性作用，又要重视政府对经济的宏观调控。他首次提出社会主义市场经济条件下的宏观经济管理应包括总量管理（需求管理）、结构管理（供给管理）和平衡管理，并在宏观调控方面提出了市场经济条件下的宏观调控体系的理论。在当时，中国经济改革进程中新体制下以及旧体制向新体制转换过程中的宏观经济管理，是一个迫切需要解决的问题。胡乃武教授最早提出了宏观经济管理的理论体系，具有超前性。该书的出版为我国转轨时期的宏观经济管理建立了一套理论体系。董辅礽教授在为该书所写的序言中指出："出版这样的书也是有现实意义的，这不仅是因为改革需要有理论的指导，而且新体制已在建立的过程中，宏观经济管理必须做相应的改革，才能适应新旧体制交替中的要求。"

胡乃武教授有关宏观经济管理的思想和理论最后都体现在他主编的普通高等教育"十一五"国家级规划教材《国民经济管理学》中。作为探讨社会主义市场经济条件下的宏观经济管理的著作，该书全面研究了市场经济与宏观经济管理，以及社会主义市场经济体制下的宏观经济管理的体系问题。《国民经济管理学》既是一本教材，也是一本学术专著。该书论证了既要充分发挥市场在资源配置中的基础性作用，又要加强政府对经济的宏观调控；既分析了经济手段和法律手段是社会主义市场经济条件下宏观调控的主要手段，又强调了计划手段的独特而重要的作用，即它在宏观调控体系中为市场经济的发展指明方向、提供目标，起导向作用，这是其他手段所无法取代的。《国民经济管理学》于 2007 年出版，记得有一天去学校看望胡老师，在他的办公室，胡老师拿出新出版的这本教材给我签名留念。今天再次翻看这本书，看着该书扉页上胡老师遒劲有力的字体和隽永的签名，眼前再次浮现出胡老师的音容笑貌。

图为胡老师赠阅闫衍博士的著作

胡老师是他那一代人的骄傲：为人师，教书育人，桃李满天下；论学术，他作为学科开拓者和带头人，著作等身；论治学，他严谨谦和，为人正直。胡老师把他自己在教书育人方面的体会概括为六个字："**德**、**严**、**多**、**思**、**勤**、**专**"。这既是他一生教书育人的心得，也是他为人师表的写照。胡老师教书育人**德**为首，以身作则，**严格要求**，**严格把关**；他要求学生要**多**读书，不仅要读专业领域中经典性和前沿性的学术专著，而且要读文史哲方面的精品之作，使学生具有坚实的理论基础和广博的专门知识；他要求学生在读书过程中要善于**思**考，应及时将自己的体会和感悟付诸笔端；同时，他要求学生要**勤**于写作，在论文写作过程中要力争做到"科学、准确、简洁、明快、流畅"地表达自己的学术见解；他要求学生要**专**注于自己的研究方向和研究领域，矢志不移，沉下心来，敢坐冷板凳，力争有所开拓创新。胡老师有关教书育人的思考和总结，是我们每个学生终身受益的宝贵财富。

胡老师经常在办公室读书、写作、练字和指导学生

  胡老师说他是一个爱惜人才的人，一旦发现可造之才，就会精心加以培养，并积极创造条件，让学生脱颖而出；他甘当人梯，鼓励学生超过老师；他强调为人治学，要德才兼备，以德为先。胡老师永远是我们学习和做人的榜样。

  胡老师走了，他的离去给我们留下了无尽悲痛。慈颜已逝，风木与悲。胡老师虽然离我们而去，但他的音容笑貌会永远留在我们的心里。恩师如父，终生难忘。

# 永远怀念恩师胡乃武教授

张可云[①]

恩师胡乃武教授于2021年6月9日23时20分在北京逝世，享年87岁。我们的国家失去了一位杰出的中国共产党优秀党员、经济学家、教育家，我们的大学失去了一位新中国国民经济学学科开拓者和带头人，我们胡门众弟子自此再也得不到恩师的耳提面命。"经师易得，人师难求"，恩师胡乃武教授的离世是我们党和国家、中国人民大学以及胡门弟子的重大损失。

胡老师的逝世令人痛彻心扉。无人处潸然泪下之时，总有过往的胡老师教导与关心片段浮过脑海。

恩师胡乃武教授于1963年在中国人民大学研究生毕业后留校任教，直接或间接受教于胡老师的学生不计其数。如今，胡门弟子遍布全国各级政府部门、高校等科研机构与企业，不少人已经成长为单位的栋梁。这些人之所以有今日之成就，无不得益于胡老师的言传身教。

1981年，我考入当时的中国人民大学计划统计系。胡老师是我们班的计划经济学课程的主讲老师。在这门课程的学习过程中我们学生都能感受到胡老师理论功底扎实、授课准备充分、职业道德良好。

1988年我硕士研究生毕业后留校任教，从事区域经济学专业的教学与研究。留校初期正好遇上中国经济体制大变革、全球经济理论大突破，我深感自己的经济学知识需要更新，于是于1996年在晋升为副教授后在职考

---

① 张可云系胡乃武教授1996级博士生，现为中国人民大学书报资料中心主任，中国人民大学应用经济学院区域与城市经济研究所教授。

上了胡乃武教授的博士生，期望补强自己的经济学基础。在读博期间，胡老师针对我的情况给我开了一个文献清单，并不定期找我讨论。

由于1998年我获得了一个去欧盟研究的机会，我推迟了一年获得博士学位。从成为胡门弟子到获得博士学位的四年，我公开发表了10篇学术论文，胡老师从来没有要求过挂名发表。在获得博士学位后，胡老师依然不忘对我的提携与指点。胡老师邀我参加了他主编的普通高等教育"十一五"国家级规划教材《国民经济管理学》（2007年出版）的编写工作，以及他主持的国家社科基金重大研究项目"新时期我国社会经济利益关系发展变化及和谐社会构建的研究"（2005年立项）的研究工作。2005年10月25日，我被选为国家"十一五"规划专家委员会委员，胡老师得知消息后无比欣喜，专门到我的办公室表示祝贺。百般呵护自己的学生，以学生的进步为荣，是胡老师作为一名教师的职业操守。胡老师对学生既如父母，又如友亲，深深影响了我的从教生涯。

胡老师对学术的敏锐令我终生难忘。2003年党的十六届三中全会召开之后，胡老师告诉我统筹区域发展是一个重大问题，文章写好了肯定能被《新华文摘》转载。《统筹中国区域发展问题研究》一文发表于《经济理论与经济管理》2004年第1期，这是胡老师与我合作发表的重要文章之一。如胡老师所料，此文真的被《新华文摘》2004年第7期转载。关注重大中

国问题的学理基础,是胡老师指出的一个学术研究方向,令我受益至今。如今,当我的学生在选择研究问题方面面临困难时,我也将这种研究方法传授给我的学生。

除培养出一大批人才外,胡老师的研究还影响了中国的改革开放。在学术界,胡老师是公认的较早提出商品经济与市场经济改革的学者之一。另外,胡老师还为中国人民大学的发展做出了卓越贡献。胡老师曾任《经济理论与经济管理》副总编、中国人民大学经济学研究所所长、校学术委员会副主任、校学位评定委员会委员兼应用经济学分委员会主席、校教代会副主席、校务委员,以及北京市哲学社会科学评奖委员会经济学组组长、北京市经济学总会副会长等职务。

谦和大度是胡老师留给我的最深刻的印象之一。在我的印象中,胡老师虽然是学界泰斗,但从不仗势欺人,即使是与晚辈学子交流,也让人感觉不到丝毫的"学霸"习气。无论是后辈晚生,还是平辈同事,都能感觉到胡老师的和蔼可亲与大度。晚年的胡老师身患多种疾病,行动不便。由于我的爱人在校医院工作,取药与送药便成了我与我的爱人的分内之事。每次将药交到胡老师手头时,他都要连声道谢。胡老师对学生的学业与事

**胡老师与张可云在图书馆前合影**

业倾注了大量心血,但从无索取回报之意,而当学生为他做了一点小事时,他都视作巨大帮助。一味呵护奉献却不求索取回报,是我的导师胡乃武教授处理师生关系的基本准则。

"玉壶存冰心,朱笔写师魂。谆谆如父语,殷殷似友亲。轻盈数行字,浓抹一生人。寄望后来者,成功报师尊。"愿师尊胡乃武教授驾鹤西游一路走好!安息吧,胡老师!

# 爱岗敬业　一代宗师

## ——深切怀念我们的恩师胡乃武教授

赵龙跃[①]

时间过去得真快，尊敬的胡乃武老师，您离开我们已经一个多月了。不知道您在那里的生活和工作怎么样？我们仍然在想念着您、惦记着您，时不时眼前还会浮现您的音容笑貌、响起您的谆谆教导。

2020年突如其来的新冠肺炎疫情，隔断了我们之间的正常往来，我们确实有过担心，希望疫情能够尽快过去，抓紧时间再去拜访和看望您。没想到您走得这么匆忙，在您生命中的最后两年，没能再去看望您，在您离开我们的时候，也未能去为您送行，深感遗憾，非常悲痛。

胡老师平凡而伟大，永远是我们学习的榜样。胡老师是我国杰出的经济学家、教育家，新中国国民经济学学科的开拓者和带头人，以及中国人民大学经济学科的主要建设者。他的一生是为共产主义事业拼搏奋斗的一生，是为中国马克思主义经济学教学和研究事业砥砺奋斗的一生。胡老师也是一位平凡的教师和学者，"为天地立心，为生民立命，为往圣继绝学，为万世开太平"在他的身上体现得淋漓尽致。胡老师忠于党和国家，为党的事业努力奋斗、奉献终身，充分体现了中国知识分子的优良传统。先生毫无保留地热爱学生、热爱教育、热爱学校，传授知识、传授方法、传授道统，鞠躬尽瘁，赢得了同事和学生发自内心的热爱，为我们后辈学人树立了光辉的榜样。

---

① 赵龙跃系胡乃武教授1997级博士生，现为广东外语外贸大学教授、博士生导师、云山领军学者，国际治理创新研究院院长。

胡老师爱岗敬业，一代宗师当之无愧。胡老师 1955 年进入中国人民大学计划经济系学习，本科毕业后继续努力，顺利获得国民经济计划专业硕士学位，然后留校任教，兢兢业业 60 多年，在学术研究和政策调研改革创新方面都取得了巨大的成就。

在学术研究方面，胡老师学富五车，著作等身。据不完全统计，在《中国社会科学》《新华文摘》《经济研究》《人民日报》《光明日报》等国内一流的报刊上公开发表论文 300 余篇，出版学术专著 30 余部，在我的书架上就有《胡乃武文选》《经济杠杆导论》《模式·运行·调控》《中国宏观经济管理》《国外经济增长理论比较研究》《当代中国经济发展中的政策选择》《中国经济非均衡发展问题研究》《国民经济宏观管理问题研究》《国民经济管理学》等 10 多部。先生一生中主持完成的国家级、省部级科研项目有几十个，两度主持国家社科基金项目，包括重大项目"新时期我国社会经济利益关系发展变化及和谐社会构建的研究"和重点项目"国民经济宏观管理与经济杠杆综合运用问题研究"，获得国家社科基金项目优秀成果奖。

在政策调研改革创新方面，胡老师勤于思考、勇于开拓，作为国民经济管理学学科的开拓者和奠基人，在中国改革开放和探索形成中国特色社会主义市场经济体制的不同阶段,能够及时研究提出全新超前的观点和理论,提供给国家有关部门作为实践决策参考,理论意义重大、实践贡献不菲。早在1979年改革开放之初,他就提出社会主义经济是商品经济,应当重视价值规律和市场,计划和市场相结合是我国经济管理体制改革的基本途径的观点。在国有企业的管理方面,先生很早就提出国有企业的生产资料所有权是可以同生产资料的使用权、支配权以及经营权相分离的,应当让国有企业"自主经营、自负盈亏"。1981年,先生发表题为《论适度积累率》的论文,提出了确定适度积累率的三个计算公式,对保持国民经济持续、稳定、协调、快速发展发挥了重要作用。1983年,先生比较早地研究提出衡量宏观经济效益的指标体系,开始关注和强调国民经济发展的效益问题。1989年,由先生主编的《中国宏观经济管理》教材(近50万字),首次构建了中国社会主义市场经济条件下的宏观经济管理理论体系。在20世纪90年代初期,先生将马克思的外延与内涵扩大再生产理论应用于中国社会主义现代化建设的实践中,全面阐述了外延与内涵两种类型的扩大再生产在社会主义经济建设中的地位和作用,强调内涵扩大再生产的重要意义,对于当今中国把握发展新阶段,贯彻发展新理念,加快形成以国内大循环为主体、国内国际双循环相互促进的新发展格局仍然具有一定的参考价值。

先生治学严谨,师德高尚,立德树人。先生教书育人近60年如一日,精益求精、师德高尚、虚怀若谷、立德树人,对自己一丝不苟,对学生关怀备至。从教近60年来,先生反复讲授宏观经济学、国民经济管理学、马克思主义社会再生产理论、中国经济改革与发展等课程,甘为中国教育事业的孺子牛。先生培养学生无数,门下优秀人才辈出。先生既是本科生的优秀班主任,也是硕士研究生的优秀指导老师,更是博士研究生的楷模。先生桃李满天下,名师出高徒,同门们在各行各业、方方面面都是伟大祖国的栋梁、中华民族的希望。

本人虽然努力不够,但是在人大学习的3年期间和以后多年的工作中,都得到了胡老师的悉心指导和鼎力支持。当时我在国家部委工作,比较关注中国加入世界贸易组织可能对国家行政管理带来的挑战,将其作为我的研究重点。胡老师对我的博士学位论文给予高度重视,专门请卫兴华教授作为答辩委员会主席,还请了我们经济学院的几位师兄参加,使我有幸得到多位大师的直接教诲和指导。

赵龙跃博士学位论文答辩现场与答辩委员和导师胡老师合影

后来我离开部委机关去美国学习,再次得到了胡老师的理解和支持。在美国乔治敦大学学习期间,我仍然将重点放在学习研究世界贸易组织的法律框架和协定文本上,学习和研究美国和欧盟等发达经济体的经贸政策和法律法规,获益匪浅。后来在胡老师的协调和帮助下,我还协助中国人民大学与美国乔治敦大学建立了友好合作关系,成功地接待了中国人民大学校长代表团对乔治敦大学的访问,并陪同美国著名的国际经济法学专家、被誉为世界贸易组织之父的约翰·杰克逊(John Jackson)教授回访,发表学术演讲和举办学术座谈会,受到中国人民大学师生的热烈欢迎。

现在我在高校工作也有十多年了,主要从事国际政治、经济和法律方面的教学和研究工作,集中为中国参与国际规则制定、参与全球经济治理培养综合型、复合型高端国际治理人才。胡老师不断叮嘱我在为国家培养国际治理高端人才时，必须把理想格局的培养放在首位。国无德不兴，人无德不立。学生遵从老师的教诲，开创并坚持了"立德树人坚定理想信念、全面拓展综合理论知识、重点提升实际工作能力、系统强化国际合作交流和创造条件发挥人才作用"的"五位一体"高端人才培养模式，取得了一定的成绩，得到外交部、教育部、财政部和商务部等国家部委以及广东省委省政府有关部门领导的重视和支持。今后学生将永远学习您的精神、汲取您的教诲、爱岗敬业、努力工作，以实际行动回报恩师多年的培养、教导和支持！

胡老师您安息吧，您将永远活在我们心中，我们将永远怀念您！

# 大家风范 平易近人
## ——深切悼念导师胡乃武先生

宋 群[①]

惊悉敬爱的导师胡乃武先生于2021年6月9日突然仙逝，心头一惊。由于疫情的影响已经很长时间没有老师的信息了，今日得知先生的消息，竟然已是阴阳两隔。

我于1997年作为在职生考取了胡老师的博士生，同期还有张永生和赵龙跃。我的硕士研究生是在人大经济系读的，当时就听说过胡老师的大名，但一直无缘与先生相识。考他的博士生也是因为我当时在国家计委综合司工作，涉及的工作都是与宏观管理相关的，而胡老师又是国民经济学学科的开拓者与学术带头人，考他的博士生无疑是最合适、最顺理成章的事了。考取了胡老师的博士生才使我有缘结识这位国民经济学学科的开拓者与耕耘者。在读博士期间与胡老师的接触让我感受最深的就是先生的大家风范与平易近人。

做了胡老师的门生，才深感先生的大家风范。胡老师一贯治学严谨，学问精深。胡老师在国民经济管理学方面有很深的造诣，在他治学的几十年中，学术著作等身，并荣获了多项国家级学术成果奖，是中国人民大学里为数不多的一级教授。同时，在数十年的教学中，他每每总是言传身教，像辛勤的园丁一样培育了一批又一批奋战在各条战线上的有作为的学生，影响着弟子们把他传授的理论知识及刻苦勤奋的精神和作风不断发扬

---

[①] 宋群系胡乃武教授1997级博士生，曾任国家发改委学术委员会秘书长及研究员。

与传播下去，为国家的改革开放与现代化建设贡献力量！

胡老师培养了一届又一届毕业生，图为经济学院毕业合影

虽然先生已有很高的学术成就，但与他接触起来，深感他没有任何架子，非常平易近人，是个慈祥的长者、和善的导师。记得为毕业论文选题时，我当时想选的是关于人民币汇率机制问题。此问题在20世纪90年代末还是个刚刚提出的问题，由于受到改革进程与实际发展的影响，将此问题作为博士学位论文选题不是不可以，但会有较大难度。当时针对选题，胡老师给我指导时并不是马上否定和反对，而是耐心并循循善诱地提出一些难点，进而建议我结合工作选择更熟悉的领域进行研究。接受了他的意见，后来我将论文选题改为了全球化及其对中国经济的影响。这个题目既有全球视角，又密切结合当时国家计委正在编制"十五规划"的工作需要。经过老师的指点与我的努力，我不仅顺利完成了论文写作，而且顺利通过了论文答辩，后来以此论文为基础我还出版了一本专著。当时论文形成的一些认识及观点对我后来的研究与实际工作都有很大帮助。每每想起这些，我都特别感谢胡老师，他不仅是学术界的大家，而且对我们这些学生都能平易近人，循循善诱给予切实的学术指导。由此先生的为人也可见一斑。

如今，先生辞世，驾鹤西去，永远离开了我们，但他的大家风范与和蔼可亲、平易近人的音容笑貌将永远留在我们心中！

# 怀念胡乃武老师

张永生[①]

2021年6月9日,胡老师在北京离世。一直以为,今后还有很多时间去看望胡老师,但突然之间,胡老师就已永远离去,再也没有机会。想起老师的音容笑貌,悲痛漫上心头。我在胡老师门下25年,他对我的思想和人生影响至深。老师对我的影响,远不限于学术,亦在于为人师表的人格感召。我静心回想同他在一起的细节。老师一直以他的学识和人格魅力影响着我。谦谦君子,温润如玉。

胡老师20世纪80年代在人民大学校园

---

① 张永生系胡乃武教授1997级博士生,现为中国社会科学院生态文明研究所研究员。

# 一

我要特别感谢胡老师的,是他对我学术上的指导,以及他对我的培养方式。他学术思想包容,鼓励学生按自己的兴趣自由进行研究。他从来尊重学生的研究兴趣和想法,不将自己的学术观点和想法加于学生。他对学生的培养方式,既严苛又宽松自由。他严苛要求并指导学生做出高水平论文,但也深信学术研究根本上是靠学生个人的兴趣和努力,而不是靠手把手地传授技巧。胡老师的培养方法,给了我非常自由的空间,让我可以完全按照自己的学术兴趣钻研。

在确定博士学位论文选题时,我对分工与专业化思想产生了浓厚的兴趣。亚当·斯密的《国富论》,开篇就讲分工与专业化,将分工作为经济增长的来源。斯密关于著名制针工厂的例子,形象生动地说明了分工与专业化何以促进经济增长。"如果采用分工的方式,则一人一日可成针4 800枚。如果他们各自独立工作,不专习一种专业,那么他们不论是谁,也绝对不能一日制造20枚,说不定一天连一枚也制造不出。"在资本、劳动投入不增加的情况下,仅仅通过分工协作,生产力就神奇地提高。

但是,斯密之后,由于在数学上难以形式化,分工与专业化的重要思想在主流经济学中失去了应有的地位。诺奖得主斯蒂格勒甚至称"分工问题"是"斯密最大的失败",因为这么重要的思想,竟然没有被发扬光大。正如罗默所说,递增报酬是经济增长的来源。但是,主流经济学更多的是将递增报酬归于规模经济,而规模经济又遇到所谓马歇尔难题,因为如果规模经济导致企业规模越大越好,那又同市场竞争不相容。所以,马歇尔就引入了外部规模经济的概念。但是,如果对所有企业来说都是外部性,外部规模经济就成了一个空壳。直到1977年迪克西特和斯蒂格利茨用垄断竞争概念将规模经济引入一般均衡模型,规模经济才在主流经济学中成为热潮。新贸易理论、新增长理论、新经济地理等,都是基于这一方法。

但是,将递增报酬归于规模经济的研究路线,同斯密的分工与专业化路线有微妙而本质的区别。我的博士学位论文,就是揭示企业规模与经济增长的关系。在规模经济的研究路线下，由于递增报酬来源于规模经济，经济增长就依赖企业规模的不断扩大；而在分工与专业化的研究路线下，递增报酬来源于分工与专业化，企业只是组织分工的一种方式，分工既可以通过市场来组织，也可以通过企业来组织。至于究竟是以市场还是以企业的方式组织分工，取决于劳动力和中间产品的相对交易效率。因此，经济增长同企业平均规模扩大之间，并没有必然的因果关系。经济增长的过程中，既可以有企业规模的扩大，也可以出现企业规模的缩小。我的工作就是深入厂商的组织黑箱，在理论上揭示厂商规模与经济增长的内在关系，并用经验数据对其进行检验。

我在同胡老师讨论确立博士学位论文选题前，多少还是心有志忑，因为虽然经济增长属于宏观经济学的内容，同我的专业方向并不冲突，但分工与企业理论，却更多的属于微观经济学领域，而我这个专业的大多数博士学位论文，都是以宏观经济调控、货币政策、财政政策、国际贸易等比较标准的宏观经济问题为选题的。但是，胡老师在详细了解了我的研究想法和方法后，却非常赞同我的研究思路，积极鼓励我放手往下做。这不仅让我如释重负，也让我更有信心。事后想来，我自己对选题的担心其实有点多余，因为以斯密为代表的英国古典经济学是马克思经济理论的重要思想来源，《资本论》也非常强调分工与协作，对分工与协作出现的必然性，对其提高生产力的作用，都有鞭辟入里的分析。胡老师精通《资本论》，对分工与专业化选题的重要性，自是了然于心。

我的博士学位论文研究，受益于胡老师和杨小凯老师两位老师中西合璧的指导。他们一位精通马克思政治经济学，一位精通现代经济学并开创了自己的学派。虽然两位老师素未谋面，但分工与专业化却是政治经济学和现代经济学的一个完美交汇点。我当时对分工与专业化思想着迷，而杨老师用现代分析工具将斯密古老的分工与专业化思想复活，做了大量原创性研究，形成了自己的学术体系。当时他在哈佛大学担任访问教授。在博士学习期间，我利用同杨老师一起（远程）工作的机会，读了大量关于分工与专业化思想的文献，并得到了他的悉心指点。

胡老师从《资本论》视角，对分工如何促进生产力进步及其在中国的现实表现有深刻洞察，而杨老师对分工思想的执迷和发扬光大，同样来源于他早年对《资本论》的研读。两位老师从不同角度对分工问题的洞见，让我深切感受到不同视角和学术背景下学术思想的交融。两位老师不同的学术背景和治学风格，大大拓展了我的学术视野和思维能力。博士学习期间这种难得的学术经历，对我后来的思维方式有很大帮助。在最终确定博士学位论文题目时，胡老师建议我用"厂商规模与经济增长"这个标题，因为"厂商规模无关论"单从标题上看不出是同什么无关。后来这篇博士学位论文被评为中国人民大学优秀博士学位论文，胡老师很高兴。

## 二

2001年，我到澳大利亚蒙纳士（Monash）大学学习，在杨老师的指导下进行为期两年的博士后研究。当时还没有智能手机和微信，国际长途电话是用一种拨一长串号码的电话卡打的，同胡老师联系就不太方便。因为博士学位论文被评为学校优秀博士学位论文，人民大学出版社安排统一出版。胡老师就耐心地同我来来回回联系出版细节。我还记得当时在澳大利亚使用电话卡打电话时，通话质量往往不好，声音断断续续，但胡老师

中国人民大学与蒙纳士大学签署合作协议会场

却很有耐心。胡老师对学生，就像家长一样耐心照顾。

2005年，在时任经济学院院长杨瑞龙老师的支持下，人民大学与蒙纳士大学联合成立了一个高级经济研究中心（Advanced Center for Economic Studies，ACES），当时主要是做一个博士项目，由我以客座教授的身份执行和负责。这使我经常有机会回人民大学，也得以经常见到胡老师。

这个项目每年从人民大学经济学院新招的博士生中挑选5名左右博士生进行高强度训练，然后将他们送到蒙纳士大学或德国波恩大学泽尔腾实验室深造一年。这个项目的训练强度很高。其中的一项训练，是要求学生每周精读两篇指定英文文献，并用英文撰写读书笔记，然后每周进行文献讨论。这样，我每周都同博士生一起开文献讨论会，每个博士生依次报告自己阅读的两篇文献，5个学生一共10篇文献。我逐一进行评论讲解，再一起讨论。

中国人民大学-蒙纳士大学合作协议签署大会上杨瑞龙、张永生与Eric Maskin（2007年诺奖得主）

由于每周去一次人民大学，我有很多机会去胡老师办公室。胡老师虽然一直在大学任教，但同很多著名经济学家都有很深的工作渊源。在改革开放初期，他同很多知名学者一起工作，参与了很多改革政策的论证和设计，同他们结下了深厚的友谊。他每聊到一个经济政策议题，总能将这些问题的前前后后说得清楚明白。同他聊天，是一件很轻松有趣又长见识的事情。

我有什么想法，也愿意向胡老师请教。胡老师是一个纯粹的人，心中没有杂念。每次同胡老师在一起，内心总有种非常宁静的感觉。胡老师是大学问家，但同他在一起，却不会有任何拘束和压力。同他谈话，如沐春风。我们学生见他，就像见一位慈祥的长者。他是一个很好的倾听者，总是非常耐心地听我们说话。有时接过话头，三言两语，或切中要点，或拨云见日。胡老师举重若轻，深刻的学术或人生道理，尽在朴素的言语之中。

胡老师喜欢喝茶，对茶文化很有研究。每次去胡老师办公室，他都会亲手沏茶。我们一边品茶，一边漫无边际地聊一些有趣的话题。我在ACES前后训练了4届约20位博士生。2009年之后，我自己单位的工作越来越忙，人民大学的项目就没有再参与。同胡老师见面的机会，也就变得稀少了。

**胡老师年逾八十仍经常在办公室写作与接待学生**

## 三

人生的态度与境界，决定治学的高度。如果将学术当作通往名利的工具，定然做不出好的学问。同胡老师在一起，不只是学术上的收获，更是精神上的升华。胡老师一辈子教书育人，淡泊名利，与世无争。但是，"夫唯不争，故天下莫能与之争"。胡老师以"不争"的心态潜心学问，才成就了他的学术成就；以"不争"的心态对待周围的人和事，却赢得了人们发自内心的尊重与信任。

胡老师学术成就斐然，但最让我称奇的是，他是计划经济时代成长起来的经济学家，是从事计划经济教学和研究的标杆性人物，但后来却成为改革开放和市场经济坚定的倡导者、支持者和思想者，并率先提出了很多新的理论观点。早在1979年，他就在《经济研究》上发文，特别强调社会主义经济应当具有商品经济特性，应当重视价值规律和市场的作用，而中国在1984年才正式提出有计划的商品经济，1992年才提出社会主义市场经济。后来他的大量研究成果，都处于市场经济的研究前沿。

这是一个独特的学术思想旅程。如果对胡老师的学术思想进行划分，可以大体以改革开放前后为界。在前一个阶段，胡老师致力于如何通过计划经济的方式，加快国家的建设。他本科开始就在中国人民大学计划经济系国民经济计划专业学习，然后就读计划经济系研究生，留校在计划经济系任教。他是《计划经济学》教材的重要统编者，从事计划经济学研究，是国内计划经济的学术权威。但是，在探索和实践计划经济的过程中，他也深刻地发现了计划经济的弊端，然后进行独立思考，并有勇气不断提出新的理论观点和新的政策建议。

如果了解当时的社会背景，就知道走出计划经济的理论桎梏，不仅需要深刻的理论功底和对实践的洞察，而且需要大无畏的学术勇气。为什么像胡老师这样的学者，不仅能够提出深刻的学术见解，而且有勇气对自己过去一直信奉的实践和理论提出颠覆性观点？我想有几个原因。一是像胡老师这样的知识分子，具有强烈的家国情怀。他们投身经济学研究，是为了民族复兴的伟大理想，本着经世济民之心，为国家和人民做学问。他们不是将学问当作通往名利的阶梯。二是他们身上具有中国传统知识分子的气节。他们"不唯上、不唯书、只唯实"。中国老一辈知识分子，身上有着强烈的知识分子气节。他们有信仰，为追求真理而做学问，不是追逐名

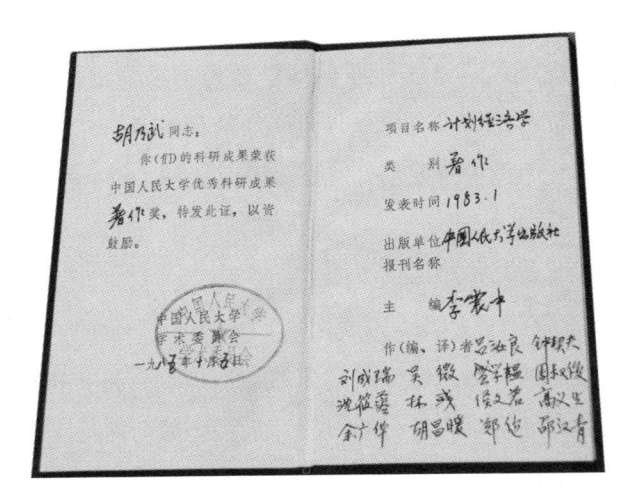

利的机会主义者。三是他们具有非常深厚的学术功底，且有超强的领悟能力，因而能够透视经济运行的规律。在越来越商业化的今天，老一辈学者身上最宝贵的品质，在中国学术界似乎越来越稀缺了。

中国老一辈本土经济学家做经济学研究的范式，同现在西方训练的经济学家有很大区别。老一辈本土经济学家有强烈的问题意识，他们根据国家发展的需要进行研究，研究现实问题背后的前沿学术问题，不是做象牙塔的学术或智力游戏，不只为发表而研究。诚然，学术研究不一定都需要有立即的应用价值，很多"无用知识"对人类进步有着巨大的推动作用，但现在很多象牙塔中的研究，当然不属于这种意义上的"无用知识"。这个大的背景，是我们客观看待本土经济学家的学术贡献和对中国发展的巨大贡献的出发点。实际上，无论是新中国成立初期的社会主义建设，还是改革开放取得的巨大成功，从来都是那些对国家抱有赤诚之爱，且深谙中国国情的理论家和实践家，将理论与中国实践相结合的产物。他们以中国特色的方式，取得了让世界惊叹的发展成就。

工业革命后，以工业化国家为代表的国家，率先实现现代化。中国从历史上的领先者成为落后者和追赶者。改革开放后，中国取得了史无前例的发展奇迹。在全面建成小康社会后，中国开启了全面建设社会主义现代化国家的新征程。显然，中国要实现的现代化，不是简单地复制现有发达国家的现代化，因为全球发展面临不可持续的危机，需要新的发展范式。中国过去的发展成就，不是在标准经济学教科书中寻找现成答案的结果。同样，未来要建设的中国式现代化，也无法从标准经济学教科书中找到现成答案。这就为在中国进行原创性经济学研究提供了得天独厚的土壤。

## 四

胡老师对我影响至深，但影响最大的，不是教会我某一项具体的专业技能，而是教会我如何对待自己的国家和人民，如何对待学问，以及如何对待人生。他没有说教，只是身体力行，为人师表。他离去之前，我总以为还有很多机会去看望他，总以为还有大把时间可以聆听他的教诲，但倏忽之间，世界永远停顿。这成了我心中无法弥补的缺憾。虽然胡老师已经离去，但他慈爱和期许的目光，却一直是激励我前行的巨大力量。成为胡老师的弟子，何其有幸。

愿胡老师安息！

胡老师与学生王彤、龙向东、张永生、彭俊明合影

# 深切怀念恩师胡乃武先生

龙向东[①]

2021年6月9日，恩师胡乃武教授在北京离世。噩耗传来，悲痛万分，久久难以平息。15日回人大参加学校组织的先生追思会后，看到熟悉的校园，惜物是人非，徒欲孝而师不在，不由潸然泪下，心中空荡落寞难言。师门组织弟子们编写追思文集，追忆在恩师身边二三事作为永久的思念！

我于1993年考入人民大学国民经济管理系，当时听闻本系原来是计划经济系，是人民大学八大系之一；系里有几位学术大师，教书功底深厚、育人桃李满天下，其中一位就是胡乃武教授；年少无知的我当时不知天高地厚，在学校图书馆看了先生几本著作后就下定决心要报考先生的研究生；在复习备考过程中，反复阅读《中国宏观经济管理》，感觉这本书体系全面、理论结合实际，和之前接触的纯理论书籍、纯专题研究的专著都有很大的不同，解答了我心中的很多疑问；经过研究生笔试、面试之后，1997年有幸成为先生指导的硕士研究生。研究生三年，求学于先生身边，毕业后也常回校看望先生，二十余载听先生讲解学术问题、剖析社会经济现象，耳闻目染，深为先生的理论深度、低调务实、淡泊随和所折服。先生不但言传身教了我们独立思考的研究态度、小处着眼大处着手的研究方法、辩证统一看问题的视角，而且教育了我们如何对待他人、如何对待自己。

在先生身边学习不会有指点江山的书生意气、挥斥方遒的激扬文字，更多的是光而不耀、静水流深；但在先生的云淡风轻之下，时时能感受到他"为天地立心，为生民立命，为往圣继绝学，为万世开太平"的家国情

---

[①] 龙向东系胡乃武教授1997级硕士生，现为北京博度资产管理有限公司董事长。

怀和"不唯上、不唯书、只唯实"的治学态度；一代经济学家求真、务实的精神力量感染、鼓舞着我们在他开创的道路上继续前行。

## 一生只为一事来

学术研究是先生一生的热爱；作为弟子，回顾先生在学术上的探索、理解他构建的学术体系、体会过程中的筚路蓝缕应该是对先生最好的纪念。有匪君子，如圭如璧，先生温润平和的性格让他在校内外有很多淡如水的君子之交，也有助于他对计划经济学基石之综合平衡的深刻理解；乐观的人生态度又给了他突破自我、进行理论创新的发展空间。作为计划经济学的大师，先生研究了平衡消费和投资的适度积累，重视价值规律和市场的作用，也对计划经济的局限性和弊端有着深刻的认识，更重要的是突破了传统思想的禁锢、建立了新的宏观经济管理理论体系、结合实践对国家发展坦诚建言献策，这些不单单是独立思考所能为，更难能可贵的是坚持实事求是的学术勇气，而先生在人大求学、工作五十余载，身体力行地实践了人民大学"实事求是"的校训，不愧为"国民表率、社会栋梁"。

**2017 年胡老师在人民大学七十周年校庆花坛前**

先生的学术生涯大致可以分为三个阶段，每个阶段的学术重心、创新贡献、具体形式都有所不同：早期是以传统理论经济学为主，侧重点是政治经济学中基本概念的讨论、计划经济学的理论体系建设，代表性论文之一是《论适度积累率》，并参与编写了《计划经济学》一书；中期是以建立中国宏观经济管理理论体系为主要研究方向，提出了衡量宏观经济效益的指标体系，构建了社会主义市场经济条件下的宏观经济管理理论体系，突出贡献一是参与设计了"国家调节市场，市场引导企业"的运行机制，二是主编了《中国宏观经济管理》一书；后期则是团结志同道合的合作者、带领有研究潜质的中青年学者共同研究，研究方向从基础理论体系扩展到专门领域，并主持了国家社科基金重大项目"新时期我国社会经济利益关系发展变化及和谐社会构建的研究"和国家社科基金重点项目"国民经济宏观管理与经济杠杆综合运用问题研究"。此外，先生还通过积极参与中国人民大学校务委员会、学位评定委员会、北京市经济学总会等的工作来参与学科建设、培养学术人才梯队，并通过校学术论坛等方式来推动、发挥理论研究对实践工作的方向引领作用。

先生在每个阶段都贡献卓著，贯穿其整个学术生涯的突出特点是理论联系实际、问题导向，研究方向始终是影响国家经济发展的关键环节、重大问题；反对躲进小楼成一统、为了发文章而写文章；板凳甘坐十年冷，文章不写半句空，就是对先生治学态度的最好描述。

先生1955年以优异成绩考入中国人民大学计划经济系国民经济计划专业，1959年本科毕业后免试保送攻读三年制国民经济计划专业研究生，研究生毕业后留校工作，主要从事国民经济计划与管理的教学与研究工作；1978年人民大学复校后，先生从清华大学回到人民大学任教，为国民经济计划专业的本科生、进修生以及全校的硕士研究生和博士研究生开设了"国民经济管理学"等多门课程，在认真做好教学工作的同时废寝忘食地从事科学研究，积极参与国家计划学的学科建设、教材编写，其参与编写的《计划经济学》于1985年获得人民大学优秀科研成果著作奖；先生在这一时期的代表性工作是其于1981年发表的《论适度积累率》一文，该文提出了确定适度积累率的三个公式，对保持国民经济持续、平稳、较快发展具有重要意义；这一早期研究虽然侧重于总量平衡、优化单一变量，但也为后续的资本配置结构研究、经济效益的多维度度量和深化打下了基础。

虽然取得了丰硕的研究成果，但先生对计划的认知并不是率由旧章、一成不变的，而是紧密结合实践，体系有发展、理论有突破：早在1979年，他就突破了传统思想的禁锢，在《经济研究》上发文强调市场的作用；沿着计划与市场的关系、培育商品经济、建立和完善社会主义市场经济这一思想脉络，先生在体制改革领域建树颇丰，在1987年前后形成了"国家调节市场，市场引导企业"的运行机制认识，这一研究成果发表在杭州市委党校《教学内参》1987年第7、8期合刊上；对经济运行机制的这一认识既是先生学术探索的阶段性总结，又是奠定了其未来研究方向的基石。而由此先生在国内较早研究了经济效益问题，从宏观层面提出了从7个不同维度衡量宏观经济效益的指标体系，从微观层面强调了企业的自主经营、自负盈亏。其作为课题组主要成员的《1988—1995年中国经济体制改革规划》研究成果被评为孙冶方经济科学1988年度论文奖。

先生于1987年主编的《中国宏观经济管理》已经突破了《计划经济学》的理论高度，构建了中国宏观经济管理的理论框架，是反映其学术思想的代表性著作，于1992年获得了国家教委第二届普通高等学校优秀教材二等奖的殊荣；这本书集其宏观经济学术思想之大成，既强调供给侧的产能建设，又强调需求端的需求管理；结合学术积累和实践总结，先生后来于2007年又主编了《国民经济管理学》。这些学术成就确定了其作为中国宏观经济管理理论体系重要奠基人之一的学术贡献。

经济学是一门研究资源配置的学科，西方经济学家们往往强调市场对资源配置的"看不见的手"的作用，而先生对国家、市场、企业三者之间关系的理解，分别强调了国家这只"看得见的手"、市场这只"看不见的手"和企业这只"看得见的手"；这一认识和西方管理学大师德鲁克对社会、组织、个人三者关系的强调有异曲同工之妙。在深化对"国家调节市场，市场引导企业"的认知的过程中，先生强调了国家的宏观调控、建立完善的市场体系、构建企业内部的约束及激励机制；更让人赞叹的是此时先生教研结合，在科研中指导、培养青年学子，和合作者、学生们一起在如下几个方面取得了丰硕的研究成果：

（1）要建立完善的、统一的、竞争性的市场体系，现代金融市场尤为重要，学界当时对处于起步阶段的中央银行、商业银行、证券投资机构的定位、功能、机制都很重视，而先生和学生吴晓求于1987年合作完成了《论货币供应量的宏观调控》，分析了货币供应量的增长规律，界定了货币供应量适度增长的目标，并强调对货币供应量的调控是宏观调控的重要机制和手段；后续进而指导学生魏革军完成了博士学位论文《中国货币政策传导机制研究》，该论文获得了2002年中国人民大学优秀博士学位论文奖；指导学生黄隽完成了博士学位论文《商业银行：竞争、集中和效率的关系研究》，该论文获得了2008年北京市优秀博士学位论文奖。

（2）政府通过产业政策、区域经济政策来影响国家整体的资本支出，进而调节资源在行业、区域之间的配置：这一资本支出方面的研究是先生1981年《论适度积累率》论文的延续；在适度投资这一总量平衡的基础上，先生进而关注了资本配置的结构问题，先生和学生王辰于1994年合作在《经济学家》上发表了《论我国基础产业发展的问题与出路》，先生和学生韦伟于1995年合作在《中国社会科学》上发表了《区域经济发展差异与中国宏观经济管理》，强调了经济发展差异巨大条件下政府、市场在中长期资本配置结构中的不同关键作用；关于区域经济的研究，先生并未止步于此，而是指导学生张可云完成了博士学位论文《区域经济冲突与合作研究——一个区域经济关系的基本理论分析框架及其在中国的应用》，该论文获得了2003年中国人民大学优秀博士学位论文奖。

（3）对市场中的微观主体——企业来说，先生开始主要是将其作为价值规律、市场机制影响的对象来研究，强调的是企业经营要自负盈亏，如在1980年《社会主义国家所有制和企业自负盈亏》一文中主张让国有企业"自主经营、自负盈亏"；在同一文章中，先生提出了国有企业的生产资料所有权是可以同生产资料的使用权、支配权以及经营权相分离的，这就为现代企业产权制度、公司治理的研究奠定了基础；而先生和学生杨瑞龙于1995年合作在《经济学家》上发表的《产权制度变革与宏观控制方式转换》，则强调了产权制度和宏观经济调控方式之间的关系。

从宏观经济外部环境到微观企业内部机制的研究视角之变，有一个小故事。"文化大革命"后人民大学计划经济系招收的1979级第一届本科班，先生亲任班主任、与同学们朝夕相处四年，产生了深厚的师生情谊。每每提及1979级计划班和同学们的成就，先生的欣喜之情都溢于言表。华为公司作为中国高科技公司的杰出代表，在其发展的关键时期，人民大学6位老师于1996—1998年耗时三年起草了《华为公司基本法》，该文件既是华为公司在宏观上引导企业中长期发展的纲领性文件，也是华为公司全体员工的心理契约。时任国务院副总理李岚清曾为《华为公司基本法》题词："随心所欲不逾矩"。而起草该文件的六君子中就有1979级计划班的彭剑锋、吴春波2位同学，他们的研究方向更是从宏观的国民经济管理彻底转向了微观的人力资源管理。这一逸闻也提供了观察从计划经济思维向市场微观主体发展的一个独特视角，说明先生代表及影响的一代学人当时的思想发展并不是书斋中思辨的结果，而是鲜活的时代特征在学界的映射，是从实践中来、到实践中去的一个生动案例。而先生也带领人民大学同仁们（杨治、杨瑞龙、吴晓求、黄泰岩、黄隽等人）面向时代和社会的需要，积极调整教学与科研方向并取得了丰硕的成果：于1993年获人民大学第二届校级优秀教学成果一等奖，于1997年获得北京市普通高等学校教学成果一等奖。

## 经师易遇，人师难遭

先生不但是指点学术迷津的经师，更是道德文章的人师。海纳百川，有容乃大，是先生为人处事的原则。无论是成名已久的经济名家，还是名不见经传的青年学子，和先生交往时都如沐春风，为他的谦谦君子之风所折服。师门一百多人，来自天南海北，成就迥异，先生都一视同仁，让每一个学生都感受到了大家庭的温暖。每年都有很多青年才俊想报考人民大学的博士、硕士；像先生这样的学术大家，报考者更是纷至沓来，一些外校、外地的学生甚至直接登门拜访；但不少老师都更喜欢招收本校学生，而先生则不同，对外校、外地学生毫无偏见，一视同仁；当时让我参与接待了好几位登门拜访的学生，影响比较深刻的就有1998级博士生彭俊明和1998级硕士生戴春平，他俩都不是本校学生，直接推门而入、自我介绍，后来也都如愿成了胡门弟子。

毕业工作后遇到学术前辈和同行，谈及先生，往往都交口称赞他的人品和谦让。印象最深的就是先生的几次谦让行政领导岗位。中国知识分子往往学而优则仕，学校内外领导也有选贤举能的想法，但先生以学术研究、教书育人为重，数次放弃了他人眼中难得的机会，并真诚地推荐了其

胡老师与学生龙向东、戴春平合影

他人选。

　　先生写文章往往一挥而就，也要求学生多锻炼写作能力，希望学生想清楚、打好腹稿再动笔。作为鼓励新弟子的成功榜样，每年新弟子入学先生都会讲起1979级计划班一位优秀学生熊盛文当年的逸闻；1983年熊盛文在兰州做毕业实践，写了三万字的毕业论文，前瞻性地研究环境保护，之后该论文一字未改、分两期发表在顶级学术刊物上。师弟张海峰是浙江高考文科状元，1999年进入先生门下读硕士，研一暑假期间在一流学术刊物上连发三篇文章，先生非常喜欢。那一年每逢弟子们回校看望，先生必夸张海峰文笔。

　　乐观、豁达，是先生的人生态度。先生曾和我谈及他读书期间因废寝忘食地攻读经典著作而不幸感染肺结核一事。当时肺结核是难治之症，同病房的病友们情绪低落，但先生在住院期间仍保持乐观的心态，坚持学习和锻炼，顺利康复；未落下任何学业，健康也恢复如初。在"文化大革命"期间，人民大学停办，先生在清华大学工作过数年，故常以清华大学马约翰教授"为祖国健康地工作五十年"的名言鼓励我们多锻炼，要学习和锻炼两不误。

在校期间,和先生在办公室讨论问题之后常常陪伴先生下班回家,沿路都有各种人和先生热情地打招呼,其乐也融融;也曾在先生家中吃过便饭,普通的家常菜,听着先生对幼时家乡各种面食的回忆,竟是那样的香甜可口。

**胡老师 2019 年元旦为学生签名赠书**

海外求学数载,回国后不时回校看望先生,上他的办公室聊天,把自己从工作到生活的各种思考向先生汇报;先生总是泡上茶、很有耐心地倾听,现在仿佛还能听到先生说"尝尝这个茶"。2013 年,学校举办了先生从教五十周年暨八十寿辰学术研讨会;因我工作上临时有事,很遗憾错过了白天的学术交流活动,晚上赶到活动现场,向先生一再致歉。先生仍然一如既往地说,没有关系,好好工作是最重要的。事后,先生特意给我手写了一副条幅,"淡泊明志,宁静致远",对学生的殷殷教诲与无限期望尽在此中。而今,看着先生的手书,泪水充满眼眶,仿佛又看到先生推着自行车在人大校园里边走边和学生们说着什么……

胡乃武老师,您永远活在我们学生的心中!

龙向东参加胡老师从教五十周年暨八十寿辰学术研讨会时与同门师兄弟合影

# 悼念胡老师

魏革军[①]

今日得知胡老师去世的消息，一时难以接受。虽然胡老师年事已高，我有一定心理准备，但对他老人家的突然离世还是感到意外。

这几年，由于在外地工作，回北京少，加上胡老师多在太原生活，我们已经好几年没见面了，电话联系也很少。本想找时间去太原看看他，也一直未能成行，现在却突然阴阳两隔，心里很不是滋味，也深感自责和遗憾。

胡老师是位非常和善的长者和老师。我是在考人民大学经济学博士前夕认识胡老师的。先生德高望重、治学严谨、著作等身，每年报考他的学生都很多，在再平兄的引荐下，我在人大办公楼第一次见到老师。一见面，我就被老师平易近人、和蔼可亲的为人所感动。胡老师对我的专业和经历很认同，但告诉我，考试选拔很严格，要认真准备。我没有辜负老师的期待，那年成绩在经济学研究所比较突出。胡老师在第一时间告诉我，向我表示祝贺，并勉励我继续加强理论与政策的学习研究。至今回想起来，一些情景仍历历在目，依然感动。还有一件事让我难忘。记得有一学期，不知哪个环节出了问题，我的一门课没有成绩，胡老师主动找学校相关部门核实，结果发现漏登了，便盯住及时做了更正。事后，胡老师高兴地给我打电话。这一件件事看似普通，却体现了先生对学生关心、负责以及高尚的品格。

胡老师尊重学生的研究兴趣，从不把自己的想法和意愿强加于人，他

---

[①] 魏革军系胡乃武教授1998级博士生，现为中国人民银行西安分行党委书记、行长，国家外汇管理局西安分局局长。

经常勉励学生要结合自己的兴趣和特长搞研究，要不拘一格、守正出新。但他从不放松对学生的要求，遇到不熟悉领域的选题，会请来有关专家一起会商。遇到不按时完成学业的情况，他会及时敦促和提醒。他总试图给学生更大空间，以发挥自己、展示自己。这不仅增强了学生的自主性和独立性，也为学生以后多元化的选择创造了条件。

**2014年胡老师在中国人民大学图书馆签名赠书**

胡老师的谦让、大度是出了名的。他遇事善于替别人着想，甘为人梯。在与他的交谈中，总能听到他对别人的赞扬和肯定。对学生如此，对同事亦如此。他一辈子与人为善，不计较个人得失，生活简单、质朴。他处事公道，善于以德才量人，成己达人。每当看到他人特别是年轻人的进步，他总是由衷地感到欣慰和高兴。正因为如此，无论在学界、同事中还是在学生中，胡老师都有很好的人缘，受到广泛的尊重。老一代经济学家中，有很多都是他的好朋友。在一些人看来，胡老师受传统文化影响大，缺乏棱角，实则不然，这恰恰体现了胡老师的学养和修养。和胡老师在一起，我们总能感受到正与善的力量。

胡老师走了，今晚人民大学以及胡老师的弟子都沉浸在悲伤之中，我们也为拥有这样共同的老师而自豪。在我们心中，先生并没有走远，只是到了一个没有烦恼和疾病困扰的世界。他的音容笑貌、人格、精神将永驻我们心间，激励我们踏实做人、做事。

胡老师永垂不朽！

# 长者风范　铭记心中
## ——怀念尊敬的胡乃武老师

方　芳[①]

2021年6月9日晚上，胡乃武老师猝逝。得知老师去世的消息，我感到特别震惊，异常突然，开始怎么也不相信。虽然我也知道，生老病死是自然规律，早晚的事，但猛然间的获悉还是让我一阵心颤，彻夜难眠。夜深人静时，总会想起他的音容笑貌，就如同电影一般在眼前滚动，历历在目。胡老师是中国宏观经济管理学理论体系的开拓者，也是桃李满天下、甘为孺子牛的教书匠。他始终怀着一颗惜才爱才之心，尽心尽力地为学生成长铺路搭桥，甘做一头默默耕耘的孺子牛。在我心中，胡老师既是博学的导师，又是一位可亲可敬的长辈。

按照中国的传统说法，胡老师是我的父执，即我父亲的朋友。从这个意义上来说，我与胡老师的认识和交往近50年。无论是在清华还是在人大，我们两家人都是那种心里相互惦记的朋友。高考后，我离京去了外地，很少遇到胡老师和他的家人。1987年，我从中国人民银行研究生部（现改为清华大学五道口金融学院）硕士毕业，来到人大经济学研究所工作，再次见到胡老师。从此跟随胡老师学习和工作，之后师从胡老师攻读国民经济学博士，前后交集时间长达三十多年。三十多年来，胡老师在学术研究与课堂教学方面均给予了我各种指导和帮助。正是在胡老师的无私帮助和大力提携下，我在教学与研究工作方面才取得了一些进步。更让我

---

[①] 方芳系胡乃武教授1999级博士生，现为中国人民大学应用经济学院教授。

感动的是，得益于胡老师的包容和厚爱，我尽管身在国民经济学这个学科，但讲授的课程和研究的范围仍在金融学这个领域，为此我深深地感谢胡老师。

## 学术导师

读书，教书，写书，写论文，指导学生，参加学术活动，是胡老师的主要生活，充实而平静。胡老师执教近60年，视对学生的培养为生命，每一位学生的成长和进步，都浸润着他的心血与汗水，这其中包括花费大量时间帮学生修改论文，提修改建议。他指导的学生超过百人，每个学生的学术观点不可能都与他一致，但他很开明，充分尊重学生的意见，从不将自己的观点强加于学生。至于毕业论文的选题，则给予学生更大的自由选择空间。那个时期，我比较多地关注上市公司的微观行为，也形成了一些观点和想法，但这与胡老师的宏观经济管理方向有较大的出入。在与胡老师沟通之前，我心里还是忐忑不安的，不能确定是否能得到老师的认同。没有想到的是，当我把论文设想告诉老师后，胡老师明确表态："资本市场发展很快，涌现了许多新问题，只要你感兴趣又认为值得做就行，在选题上不必局限于我们现在的专业，可以放开点。"胡老师的这番话，大大增强了我的信心。在确定好论文题目后，我就积极查阅资料，到上市公司做实地考察，不断丰富论文内容，写作也比较顺利，按时完成了论文初稿。

当年提交博士学位论文初稿的场景至今记忆犹新，似乎就在昨天，一直刻印在我的心中。那时经济学研究所的办公室在资料楼（现今的人文楼）二层，学校的办公条件比较简陋，不要说一般普通教师没有办公室，就是像胡老师这样的大教授兼所长，也没有单独的办公室。每次所里活动，都是临时借用办公室或资料室。记得那是一个炎热的夏季，按照约定的时间，我提着内装厚厚一摞打印稿的纸袋子来到办公室。胡老师已在等候，我赶紧递上稿件，心怀感激地说着"辛苦了胡老师"。胡老师接过论文稿件说："看完后找你。"我原以为，至少一周才可能有回音，没想到三天后胡老师就约我见面，将论文初稿返给我，轻轻地说了一句："我看了一部分,有些做了修改,你回去后再好好看看。"接过论文,我快速翻阅了前面的几页,看到论文的脚注和空白边上,是一连串密密麻麻、工工整整的红色修改痕迹,那个认真,那个醒目,是我从未见过的,我的心顿时紧张起来,脑海里一片空白与混乱,都不记得是怎么回的家。胡老师没有一句责备,也没有一句批评,那个无声胜有声的墨迹让我长时间低着头,无尽的惭愧感让我连续几天睡不着觉,失眠反思……之后,我再与胡老师交流时,他告诉我,"看一句话不够通顺,又不知道问题出在什么地方时,就要把这句话念出来。凡逻辑不通的地方,听着就不顺畅,多念几遍,自然明白。"从那以后,每一次交稿,我都很谨慎,反复读几遍,不敢小视文字错误……多年以后,我也当了导师,也在批改学生的论文,有的段落改得面目全非,有的甚至推倒重来。每次遇到大改大动的论文,我就对学生说:"拿着笔点着字大声读出来,听着听着就知道错在哪儿了,多念几遍多改几遍,就顺了。好论文是改出来的,这是我的导师告诉我的……"胡老师的言行举止,影响着我,也影响了下一代学子。

图为方芳博士学位论文答辩后的合影照

## 心灵导师

胡老师不仅是学业导师,也是心灵导师。每个人的心中可能都有个

"结",永远挥之不去。我心中最大的"结"就是父母的过早离世。18年前,父母告别了所有亲人,带着遗憾和无奈走完了人生旅途,画上了生命的句号。他们的相继离世令我痛断肝肠,犹如天塌地陷,真恨苍天的不公。十多年来,岁月在不经意间从身边滑过,父母慈爱的目光越来越远,熟悉的话语渐渐淡忘,原以为这个"伤痛"会在时间的打磨下消失,但其实只是没有触动它而已。2013年5月8日上午在逸夫会议中心举办了胡老师从教五十周年暨八十寿辰学术研讨会,下午同门又在明德主楼728会议室举行了恳谈会。看着台上声音洪亮、步伐稳健的胡老师,我情不自禁地想到了父母。我曾经有好多话想对父母说,可怎么也说不出口。现在倒是能够说出来了,可他们却听不到了,为此我很自责。面对眼前的此情此景,我心中的感慨和激动顿时迸发出来,情绪有点失控,泪流满面哽咽地对胡老师说:"看到您现在这么健康,我发自内心的祝福您健康长寿!如果我父母能活到今天的话,对我那是一件多么幸福的事情。"胡老师很理解我这种"子欲养而亲不待"的遗憾心境,他默默地注视着我,一句话也没有说。几天后他主动约我去办公室谈话,很亲切也很随和地对我讲:"我了解你的父母,人的寿命是无常的,他们过早的离去的确很遗憾,但你不要有心结,也不要有包袱。你已经很孝顺了,父母懂你的,他们会心安的……"胡老师以慈父般的爱让我心暖了。也许这个心"结"还在,每每触景生情时仍是一阵阵心痛,但胡老师那宽广的胸怀和慈祥可亲可敬的音容却永远铭记在我心里。

图为胡老师在办公室耐心指导学生

## 严于律己

"严于律己"是胡老师做人的修养。他的一生主要是做学术研究和培养学生，没有过多的奢求，淡泊名利，低调做人。治学上的律己自不待言，其他方面也是如此。我从未见过他在各种场合迟到，无论是校内还是校外，丝毫不摆大学者的架子，总是提前到达会场。近20年来，越来越多的年轻人走上了学术和行政领导岗位，每次相关的学术研讨会，大都会邀请胡老师参加。只要时间合适，他从不拒绝。为年轻人站台，挺年轻人是他晚年的风范。尽管受邀的会很多，但他仍一以贯之，提前到达会场，迟到的年轻人一看这情景都脸红得不好意思了。80岁之后，老师的腿脚不太灵便了，有时甚至需要拐杖，慢慢前行。记得7年前的一个冬天，"中国资本市场论坛"在逸夫会议中心召开，特邀请胡老师参加。从明德楼到逸夫会议中心，对于他来说可能需要走20分钟。他告诉我提前半小时来接他，我如约来到办公室，看到他已经将棉服和帽子穿戴完毕。外面的寒风嗖嗖，我们慢慢地一路走一路聊，提前进入了会场。论坛全程都见胡老师仰头静静地听，满脸温和可敬的样子。三个小时的会议对于80岁的老人来说，可能是一种折磨，也可能是一种幸福。胡老师就是这样，无论是他主持的会，还是他参加的会，无论是大会还是小会，他从不迟到早退，从他身上看不到任何大学者的"架子"和"耍大牌"的毛病。于他而言，自律，从点滴做起已成习惯。

**图为胡老师参加中国资本市场论坛**

## 认真执着

工作"认真"是胡老师做事的风格。20世纪90年代胡老师受学校科研处的委托,代表人民大学担任北京市哲学社会科学优秀成果奖评奖委员会主任,我跟随他做了四届的秘书,深深地体会到胡老师做事"认真"的风格。胡老师眼里的主任与秘书的关系,不是命令与执行的关系,更多的是商量和协调的关系。一旦遇到问题,我们就一同讨论,很多时候是互相启发。北京市哲学社会科学优秀成果奖是一个很重要的奖项,它对于许多学校和获奖者而言,都是一个重要的考核指标。许多年轻人正是凭借这个奖项脱颖而出的。这背后有许多像胡老师这样的"照亮别人,提携新人"的"大家",他们默默地为青年学者奉献着,是人民大学的一盏盏灯。

评奖的时间是每年的7月中旬,此时正值北京酷暑高温期。从7月初开始,我和胡老师就进入筹备状态,虽然集中评奖时间仅仅是四天,但我和胡老师为此要至少提前一周做准备。按照当时的规定,评奖地点设在主任所在的学校,成果材料则事先集中于北师大。我们需要做三件事:首先要一一核实评审专家名单,其次要核对和搬运评奖成果材料,最后要落实和检查评奖场地。我对胡老师工作态度"认真"的体验就是从这件事开始的。7月初的一个清早,胡老师就在办公室开始打电话,一一通知评审专家注意事项。这项工作原本可由秘书代劳,但胡老师认为由他直接告知,能够表明对评审专家的尊重。这样下来,他要打30~40个电话,重复的话语一遍又一遍,名单底稿也被他勾画了多次。那时的通信工具远没有现在这么发达,联系不上对方的现象时有发生。每每遇到这种情况,胡老师就不断地与对方学校科研处联系。由于正处暑期值班状态,所以许多联络颇费周折。我曾心怀忐忑地建议:是否可考虑换一位专家呢?胡老师却很执着地表示:"再继续联系联系吧!"功夫不负有心人,最终都落实到位了,四届评审专家从未因失联而更换过。评奖准备工作也是很琐碎的,评审专家要分成4个大组,然后每个大组再根据学科细分成3个小组。每个小组是评奖的基本单位,人员结构要合理,既要配置合适的专家,又要平衡各学校资源。整个工作是个很复杂的活儿，若没有认真细致的工作态度，出错是早晚的事。在集中评奖工作启动之前，胡老师还会亲自做最后的检查，核对评奖材料的摆放、专家的分组、中餐的预定以及房间空调的运行等，事无巨细，只要能想到的胡老师都尽量做到最好。在评奖工作结束之后，胡老师还要正式或非正式地与各评审专家交换意见，了解大家的满意度，及时发现和纠正问题。总而言之，从事前、事中到事后的每一个环节他都力争完美，不留遗憾。评奖工作于我而言就是：胡老师满意，我的工作才算做好。在这四年里，人民大学作为北京市哲学社会科学优秀成果评奖的承办单位，没有出现过一次差错，并且受到多次表扬。四届的秘书工作，我受益匪浅，性子也改变了不少。如果说我现在有些"执拗"或"较真"，也许就是那个时期潜移默化形成的。

胡老师亲自参加学生方芳教授指导的第一位博士生的博士学位论文答辩后，与答辩专家和学生合影

时间过得真快，父辈们已渐渐衰老，甚至逐年离我们而去，但他们留下的精神财富可代代相传。谨以此文，表达我对尊敬的胡乃武老师的深深敬意和怀念。

# 近泪无干土　低空有断云
## ——深切缅怀导师胡乃武教授

董　藩[①]

前天在微困中刷微信，突然看到师弟戴春平的留言："胡老师前段时间不还挺好的吗，怎么去得这么快？"

我一惊，立马清醒了，把电话打过去，询问消息来源，然后再去师门群里看消息——当看到正式通告时，一股悲伤像漫过闸门的江水，"哗"的一下就灌满了我全身的每一个毛孔。

我的博士生导师胡乃武先生，是中国人民大学一级教授、中国国民经济学和宏观经济管理学两个学科的主要奠基人之一，在老一代经济学家中享有盛誉。能得到胡老师的培养，是我一生中很荣耀的事情。在20多年的交往中，我不断得到胡老师的悉心指导，也与胡老师建立起了深厚的感情，对他有了全面的了解。

### 一个很有成就，却非常低调的老师

我与胡老师合写过几篇论文和建议稿，在《改革》等杂志上发表或通过内参直接上报给中共中央政治局领导。

1999年，江泽民、朱镕基两位主要领导提出了西部大开发战略。我与胡老师讨论了形势和我们对该战略的看法，随即写出两篇观点明确的短

---

[①] 董藩系胡乃武教授1999级博士生，现为北京师范大学房地产研究中心主任、教授、博士生导师。

稿。借助胡老师的声望,我们写的《大开发不是乱开发》曾通过《零讯》《来信摘要》《人民日报·情况汇编》《人民日报·内部参阅》同时上报中共中央政治局和国务院核心领导层,受到时任中共中央政治局常委、常务副总理李岚清及政治局委员、副总理温家宝等多位国家和省部级领导的批示、重视,相关建议被国家决策直接采纳;《积极拓展西部大开发的融资思路》通过《人民日报·情况汇编》报中共中央、国务院、全国人大、全国政协、中央军委领导,送副部级以上领导参阅,西藏自治区党委书记热地(后升任全国人大常委会副委员长等)等多位省部级领导予以批示或致函予以肯定。

这些关于西部大开发的建议及批示受到时任校领导重视,在江泽民总书记到人大调研时,曾作为人大师生为国家建设献计献策的突出成绩之一,由校领导向江总书记汇报,并展示在学校业绩展板的最突出位置。

据说因江总书记很重视西部大开发战略的实施情况,这次汇报对将人大列入世界一流大学建设目标和争取建设拨款产生了积极影响。后来见胡老师时,每次说到这件事,我俩都很高兴,只是他不主张多宣传——要知道,学者的建议明确影响到国家重大战略的实施,也给学校发展带来了积极影响,在其他学校,一定会大力宣传。当时有好几个报社的记者知道后要采访我们,但胡老师不大赞同。"要低调,做了就可以了。"他对我说。

慢慢地，我对他有了更深的认识。他是个很有成就的经济学家，如果重视宣传，影响力会再提升一个层次，但他恰恰就是一个低调的人：有成绩，自己也高兴，但只是默默地高兴几天。

他的态度对我影响很大，后来我还有几次建议被温家宝、曾培炎、回良玉等国务院主要领导批示，影响到国家政策制定和法制建设，面对媒体，我都采取了相对低调的处理方式。过去曝光率高峰时期，我一年在央视各个频道露脸约百次，现在基本不接受采访了。

## 一个写作功力深厚、态度严谨的老师

在人大校园读博士时，我已经评上了教授，还在原单位兼着处级领导职务，并获得了多项省部级荣誉，属于少年得志类的。胡老师怕我吃老本，不卖力气，不能集中精力学习，特意跟我谈话，明确要求我立大志，下苦功，并给我复印了厉以宁等几位学术前辈的事迹报道给我看。为了让他放心，我自定规矩，每个月找他汇报一次学习情况。

有一次，我拿一篇文章草稿给他看。过了几天，他把我叫过去，告诉我文章里有个错别字，打开指给我看。虽是草稿，其实我早已改过两遍。又被老师找出一个错别字，我顿时觉得很羞愧。

胡老师对我说："你是教授了，拿给别人看的文章，千万不能有病句和错别字。80年代我给《光明日报》理论版投稿，一次投了两篇，编辑觉得两篇都很好，很值得及时发出来，于是最后决定同时刊登出来。编辑说一个字都不用改，只是为避嫌，建议我在第二篇上改用了个笔名。"

这次谈话对我触动很大，我不仅再次真切感受到了胡老师的写作功力和学术影响，更体会到了他极其严谨的学术品质。

我在人大读书时，人大的教师办公条件还很差。教授们都没有单独的办公室，我通常是到他家里去汇报的。

有一次我去他家时，师母还给我做了一顿饭吃。后来跟师兄杨瑞龙说起此事，他笑说我这是"极特殊的待遇"，可能是因我不大懂事，到了吃饭时间还不走的原因吧——但我记得是胡老师、夏老师拉着我真心挽留，我真的感受到了两位老师对我的关心。

## 一个尊重学生兴趣、研究成才规律的老师

胡老师尊重每个学生的兴趣，不限制学生的研究方向。只要是前期研究基础比较扎实、符合专业要求的选题，他都赞同学生沿着已有的积累继续探讨，寻求突破。做博士学位论文如此，平时的研究也如此。

多年后与胡老师聊天，他认为：做学术，与兴趣结合的研究方向，才可能有创新、有突破，并坚持下去。我顿时觉得，他是个很懂成才规律、讲究培养方法的人，与很多老师要求学生必须跟随自己的研究方向做研究是大不相同的。所以，在他门下，出了多位在不同学科都有重要影响的经济学家。

胡老师对我的培养也是如此。我早期对区域经济学感兴趣，写过一些文章，持有一些不成熟但我想继续探讨的观点。我跟他沟通，他觉得我的这些观点有新意，对国家宏观经济决策也有借鉴意义，赞同我继续研究。于是我与他讨论，从国民经济学、区域经济学和发展经济学相结合的角度，确定了博士学位论文的选题。

后来我的这篇博士学位论文，以《环形开放论——工业化时序-市场规律与中国空间经济战略的调整》为名，在中国经济出版社出版，胡老师欣然为之作序。

调入北京师范大学工作后，我觉得中国的房地产行业存在很多错误认识，缺乏研究，但就业市场巨大。为了学生就业方便，我捡起了自己的老本行——房地产经济与管理的专业方向。当时我告诉胡老师，他也很赞同。

## 一个甘做人梯、积极提携学术后辈的老师

胡老师非常乐于助人，甘做人梯，他总是希望每个学生都有成就，都受到重视。

除了在博士学位论文出版时,他积极为我作序推荐外,我出版学术著作《构建缘西边境国际经济合作带》时,该著作申请并入选了"十五"国家重点图书出版规划项目,他很高兴,也特意写了书评《中国发展经济学研究的重要著作》,发表在《中国图书商报》上,加以推荐,使得该著作产生了不错的影响。

董藩博士学位论文答辩后,胡老师与答辩委员和学生董藩合影

有一次,我去他家,谈到教育投入不足的热点问题,我想到了发行教育彩票筹资的想法。他觉得非常有新意、非常可行,就让我写出来,通过在教育部工作的熟人,直接提交给时任教育部部长陈至立。

由于是突破性想法,涉及管理体制和法规问题,陈部长专门向朱镕基总理做了汇报。朱总理很重视,感觉值得尝试,同时朱总理受到启发,觉得对下岗职工再就业也可以采用这种筹资方式,并在交流中提了出来。

朱总理的想法通过前来采访我的记者传到我这里,我立即写了篇《可否发行社会保障彩票》,发表在2001年8月7日的《光明日报》上,对此思路加以探讨。我们还通过有关组织,将此建议借助全国政协九届三次会议的提案,提交给国务院有关部委,使教育最终可以受益于彩票发行事业——当时国家决定"十五"期间每年安排一定的彩票额度用于教育筹资，2000年开始每年为20亿元。后来是讨论改革彩票管理体制，想把体育彩票和福利彩票结合起来管理，从筹资额中每年分给教育一小块蛋糕，具体数字就不知道了。

我刚刚查了查彩票筹资用于社会保障的情况：上缴中央的彩票公益金中有60%被划入全国社会保障金，成为其重要的支持；还有30%作为专项公益金，用于国务院批准的社会公益事业，如灾后恢复重建城市的农村医疗、助学、残疾人事业、法律援助等等。国家在2009年专门颁布了《彩票管理条例》，现在管理体制也做了适当调整，国务院财政部门负责全国的彩票监督管理工作。应该说，这是我的建议受到重视后的连锁反应——无论社会保障还是教育，都从彩票筹资中受益了，管理体制也做了调整。而如我这样一个青年学者的建议之所以能受到如此高的重视，是胡老师帮了大忙！

其他学术界朋友，通过我求胡老师帮忙时，胡老师也都热情相助。

## 一个谦逊、温和、宽以待他的老师

胡老师性情严谨、谦逊、温和、豁达，宽以待人，很爱惜自己的声誉。而我的风格相反——我这个人想法多，性情不够拘谨，再加上直性子，喜欢"放炮"，因而一直争议不断，有时甚至惹得一些主流媒体批评我。

我知道每当我引起一轮舆论风波时，一定会有知道我和胡老师关系的熟人告诉他我的新消息。我怕他受不了或者生气，待争议平息后我就会回去看他：一是解释一下我的观点及理论依据；二是让他批评我几句，消消气。但他显然早有耳闻，早有了解，常常说：学术不同于舆论，只要你认为学术上符合道理，也不必在意舆论。

他岁数大了，接触的具体经济活动也就少了，对房地产行业及一些问题也不太熟悉。我偶尔跟他讲讲那些热点问题及我的观点，他仔细听，然后会说：你讲得挺有道理。

其实，话虽这么说，但我觉得他对我的一些观点还是有些怀疑的，只是不想让我难堪吧，这让我深刻体会到了什么叫"包容"。

前年我带着回国的女儿去给他拜年，他一边给我俩泡茶，一边说："我仔细想想，这么多年来，你说的关于房地产的那些观点，可能都是对的，房价确实一直在涨。早知道是这样，我当时也应该买套商品房。"

听他这么一说，我觉得他确实在逐渐体会、接受我的一些说法，我内心的压力也渐渐卸去。

## 胡老师永远活在我心中，活在弟子们心中

最后一次见到胡老师，已是两年多前的事情。我告诉他，因为女儿在澳大利亚读书，我们假期经常会去那里住，放假时不一定像以往那样到人大看他了。他答应着，也有些怅然。

去年有一天想去看他，先给方芳师姐留言询问。她告诉我胡老师在山西老家，不在学校，于是作罢。

胡老师一辈子在人大、清华认真教书（在清华的时间比较短），桃李满天下。我们师门的兄弟姐妹，可以说是群星灿烂、光彩夺目、各有成就：既有身居要职的国之栋梁，也有名震全国的著名经济学家，更有成就斐然的商界精英。但无论学生们处于哪个领域、有多大的成就，大家都有个共同的认识：胡老师不仅仅是传授知识、指导大家进行学术探索的杰出导师，更是我们加强自身修养的学习榜样。

胡老师走了，去人大校园时再也见不到他，再也喝不到他泡的茶了。但他的声音，会常在我耳畔响起；他的身影，也会常在我眼前浮现；他的签名，也永远地留在我的档案里。

胡老师永远活在我心中，也将继续鼓励着我前行！

# 大师精神千秋弘扬　学高为范万古流芳
## ——缅怀我的博士生导师胡乃武教授

### 孙　飞[①]

我敬爱的博士生导师、一代国民经济学宗师、经济学大师胡乃武先生突然逝世，这实在让我难以接受！因为在我眼里，胡老师一直身体不错，我在2019年5月去办公室看望他老人家时，感觉他身体和精神状态都还不错。胡老师80多岁还带博士生，胡老师的突然离世让我们这些胡门弟子深感悲痛。

中国人民大学给了胡乃武先生崇高的评价：中国共产党优秀党员、我国杰出的经济学家和教育家、新中国国民经济学学科开拓者和带头人、国务院政府特殊津贴专家、中国人民大学荣誉一级教授、博士生导师、中国人民大学经济学研究所所长。他是中国人民大学首批一级教授，甘为新中国经济学事业的孺子牛。他的逝世，是中国人民大学的重大损失，也是中国经济学界的重大损失。

胡乃武教授培养了100多位硕士博士，目前这些学生大多成为国之栋梁、政界精英、学界泰斗、商界翘楚，其中一位副国级干部、十多位省部级干部、两位一级教授、几十位厅局级干部⋯⋯

在悲痛之中，我怀念胡老师对我的谆谆教诲。2001年9月我有幸考入中国人民大学国家重点学科、排名全国第一的国民经济学专业攻读博士学位，导师正是胡乃武教授。在我三年的学习深造生涯中，胡老师给了我人生与学习上的深刻教导：要践行人大的校训"实事求是"，成为"国民表

---

① 孙飞系胡乃武教授2001级博士生。

率、社会栋梁"。

胡老师（左五）参加国家社科基金重大项目调研座谈会

做学问要甘于坐冷板凳，学习要能够吃苦，要有专研精神，要博采众长、博大精深。三年多来胡老师对我的学习、成长十分关心，悉心指导。特别是对我的博士学位论文倾注了大量心血，指导我几易其稿，终于在匿名评审的情况下以优良成绩通过评审，答辩时也一举顺利通过，获得经济学博士学位。我的论文也作为中国金融信托业第一本原创性专著《信托治理优化论》由中国经济出版社于2005年4月出版，获得了好评。

2002年，东中西部区域发展和改革研究院开始组建，我当时作为副院长和于今院长专门邀请胡乃武教授担任学术委员会主任。之后，胡老师又连续担任了第二届学术委员会主任、第三届学术委员会顾问，为东中西部区域发展和改革研究院建设成为中国乃至全球顶级智库贡献了智慧与力量。

胡老师不但是我的博士生导师，也是我的人生导师。有一事我至今记忆犹新：我有几次赴加拿大、欧洲和中国香港考察金融市场与商务合作，胡老师家养有一只老猫，只能吃一定品牌的进口猫粮，便委托我帮他买猫粮。我每次将进口猫粮给他时，他都非要付钱，并且硬塞到我手上，搞得我不知所措。本来学生为老师服务，孝敬老师天经地义，但胡老师却很讲原则，说这是委托我买的，必须付钱。至于有时节假日我送些好茶叶给他，他则说可以收下，因为这其中隐含着浓浓的师生情谊！胡老师可谓公私分明。

在我的工作与事业发展中，胡老师也是我的良师益友，给予了我很多指导和帮助。我攻读博士期间同时在重庆国际信托公司担任高管，在胡老师的关怀和指导下，我在事业上也获得了较大的成绩，首创了中国第一例准REITS——北京景龙国际公寓股权投资信托计划；原创国内首例"信托＋银行"模式典范——世纪星城住宅项目股权投资信托计划；率先运作"一法两规"后中国第一个上市公司股权信托收购案例；独创中国第一个外资信托持股案例；构建了中国第一例银信合作签约；创建了中国第一例准债券型集合信托计划。在实践的基础上，我也创建了中国"信托治理优化"理论体系，开创性地提出了中国房地产金融路径优化理论与金融市场优化理论、产业＋互联网＋金融组合模式理论等等，实现了金融理论＋实践的双丰收。

在胡老师的亲切指导下，我的经济学、金融学理论修养获得了很大的提升，多次应邀为中央党校、北大、清华、人大、上海交大、中央财经大学、上海财大、浙江大学、西南财大研究生班、总裁班、MBA 班、博士班授课，同时被多家大学聘为客座教授、兼职教授、博士生导师，成长为金融、信托及资本运营领域的知名专家及资深人士。

在胡老师的感召和影响下，我也笔耕不辍，累计发表文章 1 000 篇左右，主笔或参与撰写的专著达十几本。胡老师亲自指导并为我署名推荐了《金融风暴启示录》《中国经济大趋势》《写给中国人的投资学》《新基建学习手册》等著作，极大地提升了我在学界的影响力！

胡老师的高尚情操、学术品德和卓越贡献永远是我学习的榜样，胡老师的学术思想，我一定会发扬光大。我也会牢记胡老师的教导，为祖国经济建设贡献更多的智慧与力量。

胡老师虽然离我们而去，但永远活在我们心中！

大师精神千秋弘扬，学高为范万古流芳！

胡乃武先生永垂不朽！

# 永远的怀念
## ——悼念导师胡乃武先生

黄隽[①]

最后一次见到胡乃武老师，是在 2021 年 3 月 22 日的下午，没有想到这次相见竟然是永别。我的办公室与胡老师的办公室同在明德楼 8 层，相隔 4~5 个房间。当天他从山西太原回到北京，我在胡老师的办公室见到他，李佩洁师妹正带人帮助他打扫房间，我帮他打来热水，和他聊天。虽然一年多没见，胡老师精神状态不错。胡老师在太原期间，我们通过几次电话，我对胡老师的基本情况还是比较了解的。大家都说，每次看到胡老师，精神状态都很好，多少年都没有变化。永远像慈父一样和蔼、微笑和慈祥就是胡老师的真实写照。

我与胡乃武老师相识于 1990 年。当时我在中国人民大学金融学硕士毕业后，留校到中国人民大学经济学研究所任教，胡老师是所长。经济学研究所学术气氛非常好，大家非常团结。当时的经济学研究所，在胡老师的带领下聚集了一批青年才俊教师，包括魏杰（现在在清华大学经管学院）、吴晓求（中国人民大学一级教授）、杨瑞龙（中国人民大学一级教授）。后来黄泰岩老师也来到经济学研究所（辽宁大学和中央民族大学原校长），今天看来可谓阵容豪华。胡乃武老师甘为人梯，以宽厚的胸怀为每一位年轻教师争取和提供发展的舞台与机会，造就了经济学研究所教师队伍的辉煌。

---

① 黄隽系胡乃武教授 2002 级博士生，现为中国人民大学应用经济学院副院长、教授。

2002年，我开始读胡乃武老师的博士。我的博士学习和论文写作过程都凝结了胡老师的许多心血。我的论文研究的是商业银行，在开题和答辩时，胡老师都以他在学界的崇高地位，请来了金融学界和业界德高望重的多位专家。专家们专业的意见和指导对于论文的提升起到了重要作用，也使我获益良多。胡老师多次认真细致地帮我修改论文，从论文选题到遣词造句和标点符号。胡老师对我说，你写完博士学位论文以后，一定要认真读三遍再进行修改。胡老师的经验非常管用，我每读一次，都会有不少修改和提升。

2005年，在我读博士期间，胡乃武老师积极鼓励我到剑桥大学商学院读一年访问博士，希望我能够有一个更为开阔的视野，学到更多的现代计量方法，以提升我的学术水平。2006年1月，胡老师的4位学生杨其静、龙向东、桂华和我相聚在剑桥大学康桥边，无不由衷地感谢胡乃武老师对学生们无私的帮助和人格魅力的影响。后来，看到胡老师的博士后杨再平师兄同一时间在英国伦敦汇丰银行工作交流时撰写的诗词摄影集，不巧错过相聚，与我们擦肩而过。胡老师的5位学生同时在英国学习交流，想起来也是一件见证时代和非常难得的事情。

时间过得真快，一晃30年多过去了。与胡老师一同工作了30多年，其间又跟着胡老师读了4年半的博士。我们经常见面，胡老师一直都非常

关心我的工作、学习和生活，我们经常聊天。他也会经常和毕业的、在校的学生们一起分享他的学习、工作经历以及生活感悟，同时我也见证了同门经常回校、师生相聚的手足之情。

胡乃武老师的一生全部奉献给了教育事业，奉献给了国民经济学学科，奉献给了他的学生。他温和善良、生活节俭，却给学院的困难学生捐款。他倾尽全力关心每一位学生，帮助过的学生数不胜数。胡老师经常为学生的事情四处奔波操劳，这已经成为他的习惯和生活的一部分。这些事看似平凡，但是作为老师大多数人都做不到这个程度。我们同门有一个共同的感受，就是胡老师会为学生的事情竭尽全力。我经常看到胡老师给已经工作的学生打电话，为即将毕业的学生写推荐信或者推荐工作。我在留校工作的30多年中，得到了胡老师的很多指点和帮助。润物细无声，胡老师对我的点滴进步都看在眼里，从留校时的助教到今天的教授一路成长，胡老师一直都在鼓励我和帮助我。我特别认同大师兄吴晓求老师的话：没有胡老师，就没有我的今天。

胡老师一生非常勤奋，绝大多数80多岁的老师都已经远离学术和学科了，但是胡老师一直对国民经济学学科的发展非常关心，不断地修订教材，发表文章。胡老师一辈子很少为自己争取荣誉，宽以待人，我从胡老师身上学到了很多做人的道理。

胡老师对学生非常宽容。在过去的20年里，伴随着中国经济的发展和财富的积累，艺术品市场呈现爆发式增长。从2012年12月开始，我开始用比较多的精力研究艺术品金融这个较为小众的领域，我内心一直没有太大的信心。胡老师一直非常支持我的研究，经常向我提一些意见和建议。2015年12月，我怀着忐忑的心情将我自己研究艺术品金融的第一本专著《艺术品金融——从微观到宏观》拿给他看，没想到胡老师非常认真地阅读了该书，他将很多地方折页记录下来，与我讨论交流。胡老师对我的研究给予了较高的评价，鼓励我继续坚持这个方向。他认为对精神文化和美好生活需求的研究很有前途，研究专注与独特性非常重要，我很受鼓舞。

胡老师（左二）与学生许国平（左一）、黄隽（右二）、戴春平合影

大约十多年前，胡老师带的一位在职博士研究生，作为公司负责人经常在国外出差做工程项目。在读博士的最后一年，胡老师给他打电话催交毕业论文，他说实在太忙，没有大块的时间安静下来认真研究，准备放弃博士学位了。胡老师找到我，让我过一段时间就给他打电话问博士学位论文写到什么程度了。我按胡老师的要求，经常打电话询问论文进度，我和他都深切地感受到了胡老师对他的期待：优秀的人不能半途而废，不能放弃。后来，他终于克服重重困难，顺利地拿到了博士学位。

和胡老师相处了30多年，有很多小故事看似很平凡，其实很伟大。想起毛泽东主席说过的一句话，放在胡老师身上非常恰当：一个人做一件好事并不难，难的是一辈子做好事。胡老师就是这样一个为我们学生做了一辈子好事的好老师。

2021年6月9日胡老师离我们远去，大家都无法接受。每当我走在明德楼8层走道上，恍惚间又见839胡老师办公室的门开着，他招呼我坐在小板凳上喝茶、聊天、嘘寒问暖……

永远的怀念——悼念导师胡乃武先生 109

胡老师（居中）与学生（从左至右）罗丹阳、张海霞、黄隽、张亚芸、方芳、郑红合影

# 斯人驾鹤辞西去　我辈人师再难求
## ——悼念我的导师胡乃武教授

薛东阳[①]

6月10日,在我公司中诚信举行的上海信用风险年中会会场,闫衍师兄轻声告诉我说胡老师去世了。我一下子愣住了,如同一个晴天霹雳,蒙住了,不知道说些什么,只是感觉心口堵得慌。一上午的会,脑子都是恍惚的,一直在想胡老师的音容笑貌和对我的备至关怀及指导,也一直在懊悔为什么疫情缓解后没有及时去拜见他,两年前的见面竟成了永别。

我是考取的2002级经济学院经济学研究所国民经济学专业的研究生,由于当时考试是第一名,按照经济学研究所的惯例,我可以由胡老师担任指导老师,那时感觉自己真是莫大的幸运。在本科时代系里的老师在课堂上都讲胡乃武教授是中国人民大学国宝级的人物,也是新中国国民经济学学科的开拓者和带头人,在我心中是神一样的存在,我甚至很担心在导师见面会上不能很好地表达自己。但当我的上届师兄殷献民带我第一次去见胡老师时,他的慈眉善目、和蔼可亲一下子消除了我的紧张感。他勉励我说,本科既然是中国人民大学国民经济管理专业的,就应该进一步深化自己的理论基础,多读书,多关注国家大事,尤其是宏观经济管理领域的相关政策决策,要理论和实践相结合,这样将来参加工作了就会很快进入工作状态。这些话语娓娓道来,让我的研究生生涯很快确立了更加明确的方向。

---

① 薛东阳系胡乃武教授2002级硕士生,现供职于中诚信国际信用评级有限责任公司。

当时学校正在进行研究生体制改革，我正好是第一届两年制的硕士研究生，也就预示着要和2001级硕士一起毕业，一起找工作。这样就业的压力一下子就凸显出来了，因为很多单位都认为还是三年制硕士研究生学的东西更多，同样情况下都会倾向于选三年制的。胡老师一直鼓励我说，中国人民大学的学生在社会上还是很受欢迎的，不要担心自己找不到工作，要把自己的毕业论文做好，同时要抓住各种招聘机会。他也不断利用各种机会向我的师兄师姐推荐我，这让我备受感动。到现在我依然清楚地记得那时候在他的办公室里，他电话联系当时在国家发展改革委西部开发办工作的师兄，请他关照我的工作的情形。

中诚信创办20周年纪念活动上胡老师（左二）与厉以宁（左三）等嘉宾合影，右二为中诚信创始人毛振华

胡老师对学生的关心和支持，都非常到位，而且让我们同门之间都要相互支持。后来毕业后我去了北京市国资委工作，最开始时是在研究室，有一个具体工作是参与筹办首届北京国资改革发展论坛。我当时利用周末的时间去拜访他，想请他出席这个论坛。胡老师马上表示杨瑞龙教授是研究国有企业改革理论的，请他出席更为合适。在我的印象中当时他还给杨

瑞龙老师打了电话，让我去联系杨老师，后来杨老师在论坛上分享了他的"国有企业分类改革理论"，其中形象的"老鼠偷油"比喻给很多参会者留下了深刻印象。

毕业之后，我每年都会约他的时间去看望他一两次，他每次都会很认真地问我工作中遇到的问题，也总是会给出他的建议。他关于当下经济管理领域的很多关注非常前沿，对当下国家各个层面面临的问题及对策研究切中肯綮，听完之后让人有拨云见日之感。由于工作性质的关系，感觉我毕业之后，胡老师给的指导更多更具体了，"研究生涯"才刚刚开始。一直到2008年，在毕业四年之后，我表示了我想继续攻读博士深造的想法。他说："东阳，虽然你现在暂时在北京市政协（当时我任北京市政协副主席、北京市国资委原主任熊大新同志的秘书）工作，但你将来应该还是要回到国资委系统工作的。既然你有了本科、硕士学习国民经济管理的基础，博士研究应该选偏微观的专业，这个供你考虑。"我接受了导师的建议，开始着手准备报考企业经济学专业。这时他又专门打电话给我，说我选择博士生导师时也应该选择一名有企业实践经验的教授，他说目前和人大合作创办"宏观经济论坛"的毛振华教授挺合适，让我去联系拜访他。后来在人大举办的经济理论创新奖颁奖活动上，他专门叫住了我和毛老师，郑重地向毛老师推荐了我，说我在国资委工作，从事国资国企改革发展研究，希望毛老师能接受我成为他的博士研究生。他作为学校的一级教授、经济学家，还一直坚持带博士生、硕士生，日常事情这么多，还把我报考博士甚至选择博士生导师的事情记在心上，这让我非常感动！后来我没有辜负他的殷切期望，2009年顺利以专业第一名的成绩考取了毛振华教授的博士研究生，而且2012年顺利三年毕业。我的博士学位论文答辩，胡老师又欣然答应担任我的答辩委员。当时的博士学位论文答辩委员会主席是巴曙松教授，在后来的一次研讨会上，他和巴教授聊天时，还感谢巴教授担任我的博士学位论文答辩委员会主席，说我是他的硕士生。这也让巴老师很感动，说像胡老师这样的大家，对自己的学生时刻关怀，很是难得。

类似的事情还有很多，同门交流时，大家都共同感激胡老师对自己的关心关爱，让自己在学习、工作、生活的关键每一步都走得更加顺利！胡老师对我们师门的学生情比山高、恩比海深。斯人已逝，音容笑貌犹存于我们师门每个学生心中！我辈共勉，将胡老师的风格精神传递于我们师门所在的各个领域！

山河共恸，举世同悲，愿胡老师一路走好！我永远怀念您！

# 追思恩师指导农业保险的理论与实践

宗国富[①]

中国当代杰出的经济学家、著名教育家，中国人民大学荣誉一级教授、博士生导师胡乃武先生虽然与世长辞了，但他在学术上给予我们的理论指导，让我们在工作中受益匪浅。他的著作、理论、学术思想，一直在发扬光大，他的精神财富，我们一定要传承下去。

我于 2003 年博士毕业后，开始研究农业保险理论，2004 年到安华农业保险公司工作，任董事长。通过郭柏春师兄的推荐，认识了胡老师，进入中国人民大学经济学院博士后站学习和研究。当时的政策性农业保险，还处于改革开放的试点阶段，需要理论和学术思想指导。与胡老师一见面，他就给我留下了和蔼可亲、平易近人的印象。我们直接切入主题，我向他汇报农业保险历史演进及从事农业保险的经历。我们讨论确定农业保险作为进站的研究课题，初步确定课题名为"中国农业保险经营研究"。导师让我用一周时间做准备，提出思路和研究课题内容。一周后，向导师汇报时，他指出这个课题的选题缺乏理论性，应考虑经营"模式"研究，重新确定题目为"中国农业保险经营模式研究"。接着导师从宏观经济学和应用经济学理论出发，让我以"模式"作为重点来研究，从而导师又从农业经济和农村金融发展出发，听取我的一些情况介绍并与我交流。通过几周的学习研究和讨论，导师提议我从三个方面进行深入研究和探讨：一是基础理论研究；二是国际视野研究；三是农业风险管理研究。

---

① 宗国富系胡乃武教授 2004 级博士后，现为中航安盟财产保险有限公司总裁。

## 一、基础理论研究

2003年2月,吉林省政府筹建地方性农业保险主体——安华农业保险公司。2004年中国保监会正式批复全国四个专业性农业保险公司试点,其中有国有专业性的上海安信农业保险股份有限公司、股份制的吉林安华农业保险股份有限公司、会员制的黑龙江阳光农业相互保险公司、引入外资的中航安盟财产保险有限公司。2007年财政部选定三个保险主体来开展政策性农业保险试点,其中有中国人民保险公司、中华联合保险公司、安华农业保险公司。

因此,安华农业保险公司成为全国第一个地方政策性农业保险公司,第一个由中国保监会批复的专业性股份制公司,第一个由财政部确定的政策性农业保险试点的股份制公司。

导师让我研究总结各种经营模式,如经济模式、发展模式、目标模式、未来模式等,让我通过分析和比较各种模式来补充经营模式研究,让我用较多时间研阅吴树青老师和胡老师共同编著的《模式·运行·调控》,这本著作是理论性很强的著作。同时,胡老师还让我安排一定时间研阅他主编的《中国宏观经济管理》,重点研究总量管理(需求管理)、结构管理(供给管理)和平衡管理等。

通过两年多的学习和研究,我的出站论文完成了,正式通过了专家委员会的答辩。专家委员会充分肯定了论文的理论贡献,指出了努力方向,最后全票通过了出站论文。根据专家们在答辩会上的意见,在恩师的热心指导和耐心修改下,我正式完成了论文的最终稿并于2008年4月正式出版。这本著作是改革开放以来第一本关于农业保险经营模式研究的书,也是对胡老师培养博士后出站论文质量的肯定。我深深感谢恩师对我的培育之恩。

## 二、国际视野研究

2009年,我因工作需要被组织安排到中国航空工业集团旗下工作,与郭师兄一起筹建一个以农业保险为主的中法合资财产险公司,即"中航安盟保险公司"。我和师兄两人,一直秉承恩师的思想和理念,牢记恩师的教诲,保持与恩师的联系,继续请教恩师,将恩师提出的要重视国际视野研究的思想落到实处。

我国是传统的农业大国,要发展现代农业,就必须解决农业生产面临的自然灾害和市场价格波动的风险。从国际规则看,我国目前实施的农业保险保费补贴总体上属于世贸组织"绿箱"措施,具有较大的发展空间。

发展农业保险,可以促使政府救灾"行政决策""政府管理"向"市场契约""保险理赔"转变,确实保证粮食生产和国家粮食安全,维护农民的利益。目前我国已成为农业保险保费收入世界第一大国。我国用十几年时间,走过了美国近百年的发展历程,但是我们必须清醒认识到,与国际先进水平相比,与农户风险保障需求相比,我国农业保险还有很大的发展空间,农业保险保障的总体水平仍然偏低。保险产品供给、保险机构服务与农业现代化相比,与乡村振兴的需求相比,还有相当大的差距,我们必须认清存在的不足,必须正视存在的差距。这样才能借鉴先进国家的农业保险经验和技术,夯实农业保险这块防范农业生产经营风险的重要基石,以服务现代农业发展,促进乡村振兴,保障农民的收益。

从2012年开始,我与郭师兄向胡老师汇报,策划每年召开一次国际农业保险论坛。从2012年举办第一届国际农业保险论坛开始,到2021年举办第十届,已成功举办了十届国际农业保险论坛。在此期间的后期,我与郭师兄虽然离开了中航安盟保险公司,但我俩又兼职中国农业风险管理研究会的职务,一直参与和策划历届国际农业保险论坛。我们坚持按胡老师的理念和学术思想,指导国际农业保险论坛的交流和研发。每次国际农业保险论坛的主题,我们均向恩师汇报并得到指导。第一届以"中国特色农业保险之路"为主题,吸收国际农业保险专家的意见开展学术交流;第二届以"中国农业保险可持续发展"为主题;第三届以"农业保险与农业现代化"为主题;第四届以"农业保险与防灾防损"为主题;第五届以"新形势下农业保险的发展与创新"为主题;第六届以"关注三农保险保障、实现小康"为主题;第七届以"中国农业供给侧改革与农业保险创新发展"为主题;第八届以"新形势下农业保险的创新发展"为主题。

到 2019 年,由于恩师身体不适,再加上 2020 年发生了疫情,所以只能偶尔通过电话与恩师沟通和交流,但总体而言,第九届和第十届确定的主题,仍能按恩师的学术思想延续和传播。通过十届国际农业保险论坛,体现了恩师"国际视野研究"的思想。

### 三、农业风险管理研究

恩师对农业保险做了科学分析,提出保险管理实质上是风险管理。要应对多种风险挑战,首先要做好风险分类,重点做好应对自然风险、灾害风险、市场风险、信用风险、经营风险、社会风险、政策风险等方面的工作。其次要研究新形势下的新风险,如农产品质量安全风险、转基因安全风险、农业生态环境风险、网络化风险。最后要科学分析农业风险源增加、风险链条长、风险传导快等重要因素。

我国目前农业风险管理存在的主要问题是:应对农业风险政策单一,制度不健全,市场化农业风险管理工具的作用发挥得不够,应急机制不够灵活和迅速,农业风险管理效率没有充分显现,还不能有效调控农业风险的出现。

恩师对存在的问题进行了深度分析,指出研究要建立起国家的农业风险管理体系,建立起农业风险管理制度和机制,充分发挥农业保险的保障作用,防范和化解农业风险。2012 年,我与郭师兄按恩师的指导,注册成立了全国第一个中国农业风险管理研究会,将全国从事农业保险业务的经营主体吸收进研究会,作为会员单位。研究会自成立十年来,收到了显著成效,促进了国家有关部委建设农业风险管理体制、机制及制度的步伐。

### 四、恩师指导取得成效和国家及社会影响的认可

2010 年,在中法两国领导人的见证下,中法双方签订了成立"中航安盟财产保险有限公司"的协议,我国第一个中外合资农业保险公司正式

成立。

2011年，中航安盟农业保险得到国务院领导的重视，国务院副总理回良玉在中南海接见中法股东代表，对中法合资的农业保险公司取得的成绩给予了肯定，勉励大家要把中航安盟做成社会认可的农业保险公司的典范。

2012年，在人民大会堂在中法两国领导人的见证下，中航工业集团公司与法国安盟保险集团公司签署了"中航安盟财产保险有限公司增资扩股协议书"。

2010年，中航安盟农业保险保费收入仅有6 800万元，到2013年达到15亿元，连续四年每年翻番增长，利润每年以百分之百以上的三位数增长，创出了保险行业的佳绩。

这些农业保险的经营实践，没离开过恩师的直接指导，由衷感谢恩师的支持。

敬爱的恩师虽然离开了我们，但他的音容笑貌和教诲永远留在我们心里，他的理念、经济理论、学术思想为我们点亮了一盏指路明灯，永远陪伴我们前行。

寄望后来者，成功报师尊。

胡老师与学生们合影

# 追忆胡乃武教授二三事

聂辉华[①]

今天下午,我和同事一起去食堂吃饭,边走边说。同事突然说,听说胡乃武老师去世了。我当时没留意,继续批判茅台酒的价格双轨制可能助长了腐败和寻租。过了一分钟,我突然觉得不对劲,问同事:"你刚才说胡老师去世了?他不是一向身体很好吗?刚才是我听错了?"同事说:"这是中午从另一个同事那里得知的消息。"我赶紧联系大师兄周业安教授,从他那里确知胡老师昨晚去世了。

我是杨瑞龙教授指导的博士生,而杨老师是胡老师的博士生,因此胡老师是我的师爷。师爷骤然去世,我深感震惊和惋惜!

(1)胡老师有着老一辈人特有的认真和严格。2006年,我参加博士学位论文答辩时,胡老师是答辩委员会主席。通常每个博士生都会提前草拟一份答辩决议,供主席略加修改即可,以便减少老师们的工作量。但是,胡老师从来没有让博士生草拟决议,而是亲手给每个参加答辩的博士生撰写答辩决议。决议的用语非常慎重,优秀的论文会获得"这是一份很好的博士学位论文"的评价,而次优的论文则获得"较好"的评价。我的论文荣幸地获得了第一类评价。

博士毕业留校工作后,我的办公室在他的隔壁。胡老师年纪大,不会用电脑打字,于是,他偶尔会请我帮他打印一些很短的发言稿。有一次,我按照他的手写草稿打印完毕,他仔细地看了一遍,然后说有一个地方不太通顺,让我改一下。我看了一下,其实那个句子可改可不改,无伤大

---

[①] 聂辉华,现为中国人民大学经济学院教授。

胡老师作为答辩委员会主席，参加聂辉华博士学位论文答辩

雅，当然还是按胡老师的意见改了。改完我回到办公室继续写论文，几分钟后胡老师又来叫我，说一个词语表达不准确，还要改一下。我看了一下稿件，告诉他，这个词语这样写也可以的，没必要修改，但他还是坚持要修改。可能胡老师看出我有点不耐烦（对于一个刚毕业的"青椒"来说，时间就是论文，请原谅！），温和地说："小聂，给你添麻烦了，你还是帮我改一下吧。"听老人家这么说，我顿觉惭愧，赶紧又改了一遍。

（2）胡老师关心学生，提携后进。胡老师虽然已八十多岁了，但仍然坚持亲自指导博士生和硕士生。他以办公室为家，经常在办公室跟学生讨论论文写作思路。有时还把我叫过去，征求我的意见。我当时只是一个刚毕业的讲师而已，自然受宠若惊，但也不敢造次。2015年，我出版了一本学术普及著作《跟西游记学创业——一本人人都要读的管理秘籍》，并给胡老师送了一本。过了一段时间，胡老师给我打电话，递给我一封两页纸的手写信件。我打开一看，是胡老师专门为拙作写的推荐信。他在信中高度评价了本书的价值和内容，我倍感荣幸，又觉谬赞。我断断续续出版了七八本书，不少长辈和朋友给我做过推荐，但我从来不敢亮出胡老爷子的推荐信，生怕滥用了他的令名。

（3）胡老师品德高尚，待人宽厚。胡老师是2009年中国人民大学首批一级教授，培养了众多杰出人才，可谓桃李满天下。面对学生，他总是一副乐呵呵的样子，从来没有表示出高高在上的威严。他生活俭朴，平时舍不得花钱，买菜都是亲自去超市，但是几年前却慷慨地捐资十万元来设立奖学金。我抱怨食堂饭菜不辣，他专门送来老干妈。

**胡老师向经济学院捐献助学金**

和老一辈学者比较，我们年轻一代学者掌握了更好的技术方法，有更开阔的国际视野。但是，在为人处世方面，特别是在宽厚待人、乐于助人方面，我觉得年轻人要向我们的老师辈和师爷辈学习。

谨以此文，纪念尊敬的胡老师！

附：

  胡乃武（身份证名：胡迺武），1934年5月生，山西文水人。1951年2月参加工作，1959年中国人民大学国民经济计划专业本科毕业，1963年中国人民大学研究生毕业后留校任教。中国人民大学经济学院首批一级教授、博士生导师、校务委员会委员、校学位评定委员会委员兼应用经济学分委员会主席，北京市经济学总会副会长。1992年享受国务院政府特殊津贴。曾任中国人民大学经济学研究所所长，校学术委员会副主任，《经济理论与经济管理》副总编，北京市哲学社会科学评奖委员会经济学组组长等。改革开放以来，主持10余个国家社会科学基金重大和重点科研项目，出版专著（包括合著）30余本，发表学术论文300余篇。获省部级以上科研与教学奖20多项。1986年被授予"国家级有突出贡献中青年专家"称号。胡老师于2021年6月9日23时20分在北京逝世，享年87岁。

# 沐浴杏雨感师恩

## ——忆胡乃武先生二三事

桂 华[①]

听到先生离世的消息，一时竟有些失神。那天外面下着大雨，雨点不停地打在窗户上，像是在一遍一遍地确认这个消息，也让我心里感到一阵一阵的疼痛。

先生一生淡泊名利，潜心治学，把一生的大爱情怀倾注于一部部、一篇篇诠释探索宏观经济理论的鸿章巨制之中，倾注于培育一批又一批济世经邦、治国理政的建设人才之中。记得我刚留校工作时，一次参加学校优秀共产党员表彰大会，有幸听到先生作为教师代表发言。先生谈到一生挚爱教育事业，前后五次婉拒组织上安排的局级领导职务，唯愿终身躬耕教坛，教书育人，薪火相传。先生在台上讲得平静从容、波澜不惊，如我一样的晚生在下面听着，却无不为之动容。当时就幻想，如果有一天能够跟着先生学习，人生何其幸也。天遂人愿，后来还真的有幸考入师门，近距离地领略和感受先生的渊博学识、治学之道和人格魅力，算是圆了人生求学梦。

先生为人师表，立言立德立行。记得刚跟随先生学习不久，一天先生把我们这一级的几个同门召集在一起，但是不谈学业规划，而是先讲如何做人。先生说，"为人要讲诚信，不浮夸作假"，"宁可走得慢一点，也不可急功近利"。跟着先生读博时，他虽已年过七旬，但是视野开阔，思维活跃，特别善于接受新鲜事物，尤其是对弟子们选择的研究方向甚是开

---

[①] 桂华系胡乃武教授2004级博士生。

明。当我跟他商量博士学位论文选题时，先生没有要求我去研究热点问题，或者多数人关注的财政和货币政策方面的主题，而是尊重我的想法，同意我去做性别经济学方面的研究。他还建议我好好利用去英国访学的机会，查阅国外相关资料，做好文献综述，搭好论文框架。回国以后，我去向他汇报论文综述的情况，他听后很是欣慰，认为这是个值得重视的研究方向，鼓励我采用实证方法继续研究中国的情况。在我提交论文初稿后，他找到当时在宏观经济研究领域已赫赫有名的郑超愚师兄共同为我把关。两位老师看得十分仔细，连如何拟定论文的副标题都给出了明确的意见。后来在我博士学位论文答辩时，先生更是专门邀请了大师兄杨瑞龙老师来担任主席，并亲自担任答辩委员，为我的博士学习生涯画上了圆满的句号。

**2008年9月胡乃武教授从教45周年教师节胡老师与学生们合影**

先生躬耕杏坛近六十载，培育桃李无数，对待每个学生就像对待自己的孩子一样。平日里，学生有什么需要，都是求助先生，大到探讨治国方略政策，小到安排个人生活琐事，先生无一不尽力协助，不曾见过有丝毫厌烦情绪。我读博士时年龄已经不小，中间因为生小孩需要延期毕业。电话报告先生后，先生即表示同意，不曾多说一句。此事过后很久，我才听说，那通电话后，先生专门跑到教务部门替我办理了延期答辩的相关手续。听到这事，我眼角有些湿润，心里感到一阵暖意，又一阵歉意，为先生迈着略显蹒跚的步伐，亲力亲为地替我张罗忙碌而感动，也为让已过古稀之年的先生替我操心而深感惭愧。这些年，我离开学校后从事能源领域的工作。去探望先生时，会跟他聊聊能源经济领域的情况，也会聊聊工作中的一些感悟和不解的问题。先生总是静静地听我唠叨，然后会跟我说说他过往的一些体会，鼓励我要不断地学习提升，以更大的格局来应对各种现实问题。

先生为人谦和、儒雅、宁静。无论何时见先生，他总是和颜悦色，让人如沐春风。有一次，我携小女去拜访先生，先生像变戏法一样，将一碟碟点心水果摆在办公室的几案上，还亲自给小童倒了一杯茶，慈爱地跟孩子说："小朋友，在这儿不要拘束。"也真奇怪，我那平日里像猴子一样上蹿下跳的丫头，见了先生，竟然能规规矩矩地端坐在椅上上，一声不吭，一边品尝着茶点，一边听着我们聊天，俨然一副好学生模样儿。想是小丫头也感受到了大师至尊的风范，自然而然地产生了崇敬的举止……

现今回想起这些点点滴滴的往事，不禁思绪万千，怅然不已。我还有许多事未来得及向先生请教，也未来得及感恩先生多年来对我的教导，先生竟已驾鹤西去。从此，世间失去了一位学富五车、德高望重的经济学大师，于我更是失去了一位指引点拨人生方向的领路人，失去了一位如父亲般慈爱的、可尽情倾诉的师长……

先生归去，瞻望弗及，痛心之至，泣涕如雨！

胡老师（右二）与卫兴华（居中）、刘伟（左二）、吴易风（右一）在经济学院毕业活动后合影

# 缅怀恩师胡乃武先生

刘 睿[①]

先生已经离开我们近 10 天了,在这些日子里,我一直都想写一些文字来缅怀恩师,可每每提笔,悲痛的情绪都难以控制。6 月 16 日,我陪着同门和老师的家人一起将胡老师下葬于桃峰陵园。看着先生长眠于青山绿水之中,往事浮现在眼前……

第一次和胡老师见面是在 2003 年下半年,那时北京刚刚从非典疫情中恢复常序,我的硕士学位论文已经初步完成,正面临着工作和继续求学的抉择。正好社科院世经所需要一个学数量经济学的研究生,我的硕士师母

---

① 刘睿系胡乃武教授 2004 级博士生,现为北格(北京)教育科技有限公司首席投资官。

白雪梅老师把我推荐给了世界经济统计分析研究室主任何新华老师。受到何老师的认可,我被留下参与世界宏观经济模型建设研究,这个机会让我坚定了继续读博的想法。当时,我的大学同学董进正在读胡老师的硕士,我就请他把我在硕士期间发表的学术论文和硕士毕业论文初稿转给胡乃武老师。开始时我没有抱太大希望,毕竟胡老师是经济学界的大师,门下的许多弟子都是国内知名经济学家和企业家,我深知自己学识尚浅,哪敢奢求如许幸运。哪知几天后,董进带给我一个好消息,告诉我胡老师说可以和我见面聊聊。我怀着紧张而又忐忑的心情来到胡老师的办公室,想不到让我高山仰止的学问大家竟然如此和蔼可亲。胡老师说看到我一直在国内知名经济院校学习,潜心攻读数量经济学专业,并能参与世界宏观经济模型课题,他对这些经历都很认可;虽然准备报考他的博士很多,但还是想给我一个报名机会,让我回去好好准备。2004年4月的一天,胡老师亲自打来电话,通知我我已被中国人民大学录取。得知有幸跟随先生攻读博士学位,这是我一生最幸福的一天,也改变了我的人生轨迹。

进入人民大学的第一天,胡老师就把我和同届录取的桂华老师、姜玲叫到他的办公室,告诉我们读博期间要专心求学,不要想着到社会上去打工赚钱,并鼓励我继续参与世经所的研究课题,尽早明确自己的博士研究方向。先生的训诫一直让我铭记在心。读书期间,先生经常把我叫到他的办公室,询问我的生活、学习与研究近况,给了我很多单独向他学习、与他交流的机会。让我记忆最深的是每年的中秋节,胡老师都会拿来月饼,带着我们这些在校生一起赏月、品茶,聊经济、聊学业,给我们带来了家的温暖。在先生的殷切关怀下,这么多年我们师门亲如一家。在我们心里,先生不只是尊师,更是慈父。每次有师兄师姐来拜访,胡老师都让我陪在身边,听他们讲工作、谈对主流经济问题的观点,这让我有了更多书本之外的收获,尤其是后来自己工作后更加体会到先生这种潜移默化的教育,让我一生的发展都受益匪浅。

毕业后,我在胡老师的推荐下找到了理想的工作,也延续了师门的传统,每年都会与熟识的师兄师姐一起回到学校,与先生和在校的师弟师妹们定期聚一聚,继续聆听老师的教诲。2014年的一天,胡老师给我打电话说，我们要响应党的"反四风"要求，不要再组织师门聚餐了。从那以后，我们每年的聚会就改到在先生的办公室品茶。2020年疫情暴发后，外人被限制进入大学校园，从而中断了师门的传统。没想到，还没等到校园解禁，我的恩师就突然离开我们了。

**胡老师与学生刘睿合影**

恩师，您一生爱党、爱校、爱学生，为国家培养了这么多栋梁之材，您是累了，想好好休息休息了。弟子每年还会来到这青山绿水之地，陪您品茶、汇报我们的工作近况。您严谨治学的精神、与人为善的美德，我们会继续传承。愿您在天堂一切安好！

# 一盏指路的明灯

## ——悼念恩师胡乃武先生

仲武冠[①]

6月10日晚上,当我们全家正准备吃晚饭时,突然看到同门微信群里发布了一条导师仙逝的讣告,胸口突然一沉,心里充满了悲痛与惶恐,实在不愿相信这居然是事实。本来打算等高考结束了带孩子一起去看看胡老师,没承想这个计划被突来的变化打破了,眼泪忽然间从眼眶中流了出来,模糊了我的双眼。

**胡老师与仲武冠在博士学位授予仪式后合影**

硕士毕业后我在教育部门工作,在实际工作中我总觉得知识储备不足,因而想去中国人民大学读个博士研究生来充电,后来人民大学商学院

---

[①] 仲武冠系胡乃武教授2007级博士生,现供职于中国银行业协会。

的李金轩老师向我推荐了胡老师。听李老师说，胡老师是一位著名的马克思主义政治经济学家，他早在1979年就提出了社会主义经济是商品经济，应当重视价值规律和市场的观点。1980年又提出国有企业的生产资料所有权可以同生产资料的使用权、支配权以及经营权相分离，应当让国有企业"自主经营、自负盈亏"的主张。胡老师为改革开放的中国探索适合本国的宏观经济管理理论做出了卓越贡献。在2006年初春的一个明媚上午，认真热心的李老师陪我在明德商学院楼下见到了胡老师。

初见胡老师，听到他那亲切悦耳的山西话，感到既亲切又庄严，如同遇见隔壁的一位长者。到现在我还记得他对我说的第一句话："李老师是我的好同事，他轻易不给我推荐人。但读博士不是镀金，必须付出辛勤汗水才能有更大收获。"听完他的一席话，我真切发现站在面前的慈祥长者，绝不仅仅是一位谙熟世俗的普通先生，而是一位师中之圣、低调谦逊的大教授。听完我的简单介绍后，胡老师语气坚定地说："欢迎您报考，但我的博士不好考，必须认真准备才行。"

胡老师是一位思想深邃、甘做人梯的一级教授。2007年5月4日，我后来的同届博士生同学沈继楼突然给我打电话告诉我我已经被中国人民大学录取为博士研究生，我将这个喜讯第一时间告诉了胡老师。胡老师在电话里反复叮嘱我：如果真想在读博期间有所作为，必须多读经典。于是我请胡老师给我开了一份经典书单，这份书单所列书籍几乎涵盖了胡老师的治学体系，同时也吸收了国内外其他同行的前沿研究，简直是经典与前沿的完美结合。我后来在校三年基本上都围绕这个书单来提高理论素养和开展学术研究，且一直把这个书单奉为治学圭臬，甚至在做博士后研究期间依然如此。虽然我没取得什么学术成就，但在治学做人等方面收获还是非常大。现在回想起来，如果没有胡老师的深邃思想、独到眼光，我恐怕还在学术的小路上裹足不前。

王阳明说："此心光明，夫复何求！"其实我心光明得益于胡老师的认真传道授业解惑，他给我打开了一扇明亮的学术之窗。每次我约胡老师汇报学习心得、寻求答疑解惑时都能在明德楼839办公室找到他。他经常一边泡茶一边与我分享他的治学经验。他声如洪钟、精神矍铄，让我感觉他比我们这些学生还意气风发。他说："研究经济学不能脱离社会需要，党要我学什么我就学习什么。"他还告诉我许多好文章都是改出来的,他自己也坚持知行合一。他的很多论文都是亲自查证数据,绝对引经据典。有一次我写了一篇自认为不错的文章请他指正,想听他的真知灼见,结果胡老师看后给我指出了许多内容与形式的问题,让我明白了"山外有山,天外有天"的道理。

胡老师把学生当作自己的孩子,因材施教、不拘一格。胡老师要求我谦虚谨慎、热心助人。记得毕业前夕,胡老师有一次特意把我叫到办公室,告诉我以后在工作岗位上,要忘掉自己的博士学历,要和大家打成一片,不要封闭自我。他说,遇到一个陌生人你叫上他(她)七次,他(她)自然就记住你了。对待同事、对待领导都要热情周到,机会总是留给有准备的人。不可否认,他传授的很多人生经验让我领略到了新的人生画卷,让我更加明白人民大学"国民表率,社会栋梁"的人才培养目标的含义。但说实话,因为天生愚钝,我还有很多方面与胡老师的要求存在一定差距,比如如何与同事相处、如何把工作与家庭结合得更好、如何珍惜时间等。胡老师视学生如己出,甚至有些地方比我父母还无微不至。因为我工作了8年后再读博士,等到毕业时已经38岁,这时找工作就有点难度了。加上本人不够重视找工作,因而错失了几个良机,等到快毕业时我还没有落实工作单位。我怀着惶恐不安的心情把这件事告诉了胡老师,他略加思考就问我是否愿意去国家信息中心下属单位工作。我当时很高兴地答应了。第二天一早,胡老师就给我打来电话说:"你今天给李主任打个电话问问如何去他那里报到吧!"当时听到这个消息我内心百感交集,胡老师对我真的恩重如山。

胡老师希望我不要虚度光阴,要有所为有所不为。在毕业前夕,胡老师特地送了我一副东晋诗人陶渊明的《杂诗》摘录书法:"盛年不重来,一日难再晨;及时当勉励,岁月不待人。"我至今依然将它挂在大厅横梁上,以此勉励自己必须珍惜当下、勤奋工作、为导师争光。我再次看了看横梁上胡老师的书法,心里再一次涌起无限动力与斗志,仿佛是胡老师为我点亮了一盏指路明灯,将永远指引着我继续前行。

敬爱的胡老师,您虽然已驾鹤西去,但您的音容笑貌依然印在我心里,永不褪色。愿胡老师在天堂安息,我永远怀念您!

# 追忆胡乃武老师二三事

朱 振[①]

2021年6月10日，惊悉中国人民大学经济学院一级教授、我的博士生导师胡乃武先生于6月9日在北京仙逝。获悉此消息，实在难以相信，亦不愿相信这竟然是事实。记得当时我呆坐在办公室里头绪纷乱，时而急切地向其他师友求证消息的确切性，时而禁不住回忆起与先生自相识以来的点点滴滴。即使时至今天，已是2022年春节放假期间，时逾先生驾鹤仙游已半年多，再次阅读为祝贺胡乃武先生从教五十周年暨八十寿辰举办学术研讨会而出版的《胡乃武文选》和六卷本《宏观经济管理文丛》，诸多往事历历在目，仿佛就发生在昨日。

胡老师（居中）与杜厚文教授（左）、周新城教授（右）合影

---

[①] 朱振系胡乃武教授2007级博士生，现为海关总署国家口岸管理办公室处长。

师恩浩荡　风范长存——胡乃武教授追思录

作为中国人民大学名师，胡乃武先生长期以来甘当人梯、重视人才培养，关爱学生胜过关爱自己，帮助学生从来不遗余力。我于2007年慕名考取胡乃武先生的博士，2010年博士顺利毕业。在职博士学习三年间，先生对待我等在职学生与应届生一样，无论是基础课程、专业课程学习与考试还是发表学术论文、博士学位论文撰写、论文答辩等各个环节，都同样严格要求，精心培养教育。

胡老师在朱振博士学位论文答辩后与答辩专家及学生朱振合影

在教书育人方面，先生自己常说，他长期以来坚持"德""严""多""思""勤""专"六字诀。所谓"德"，就是要求学生始终牢记中国人民大学"立学为民、治学报国"的办学宗旨和做"国民表率，社会栋梁"的培养目标，明德、博学、求实、笃行，努力做个德才兼备、品学兼优、为国为民的人。所谓"严"，就是在做人做事做学问上，既要严于律己，又要严以待人，体现"严师出高徒"的培养学生风范，对学生严格要求、不打折扣，以期学生们养成严谨治学之风。所谓"多"，就是鼓励学生在完成基础课程和专业课程学习的基础上，不仅要尽可能多读马列主义经典著作和自己专业领域的前沿性学术著作，而且要读文史哲等方面的精品之作；

他鼓励学生终生学习、勤学不辍，自身更是以身作则、示范引领。所谓"思"，就是要勤于思考、善于思考，要学以致用，理论联系实际进行思考研究，去伪存真，探索真理。所谓"勤"，就是要在深入学习思考的基础上，勤于动笔撰写学习研究成果，文章写好后还要反复修改、精益求精、三易其稿，要有"语不惊人死不休"的工匠精神和执着勇气，力求使文章结构清晰、文字精准、论证科学、表述精确，经得起时间考验。所谓"专"，就是要紧密结合个人实际情况，专与博相结合，瞄准方向、找准选题、矢志不移，专注于自己的研究方向和研究领域，沉下心来，甘坐冷板凳，"十年磨一剑"，力争有所开拓创新。

在博士学习的三年期间，我按照学校的规定和胡老师的要求，克服各种困难，认真完成课程学习，尽可能多读书、多思考、多写作，在核心期刊上发表了多篇论文，博士学位论文立足于秦汉以来中国对外开放口岸及其发展的经济学视角进行研究探析。在我的博士学位论文开题、撰写、答辩等诸多阶段，胡老师不仅亲自指导、修改、审核、把关，而且在每个阶段都邀请国内相关领域名师给予适时指导，胡老师和其他师长的精心指导和帮助使我如醍醐灌顶、获益匪浅，从而得以读博三年顺利毕业。

胡乃武先生学为人师、行为世范，无论是在校生还是毕业生，他始终关爱每个学生，始终关注每个学生的发展。特别是为了在校学生就业，更是积极想方设法予以鼎力相助。

我博士毕业后，先生始终关心我的成长进步，我也基本上每年照例都去学校适时看望先生，当面向他汇报自己的学习、工作乃至生活变化，当面听取先生的教诲。当我取得一些成绩时，先生每每予以肯定；当我遇到困难和问题时，先生总是为我指点迷津。每次都是相谈甚欢，每次走时先生都送到门口或电梯口，尽管每次我都恳请先生不要送出门。师生别时依依难舍，期待着下次再见。

还记得博士毕业后的某天，我忽然接到胡老师的电话，他高兴地告诉我：我的博士学位论文《中国口岸开放的政治经济学分析》符合中国人民大学优秀博士学位论文推荐条件，他已向学校推荐。及至2015年，我的博士学位论文经两三年反复修改将于中国经济出版社出版时，先生欣然应邀作序，予我鼓励与支持。此外，先生还积极鼓励和支持我的专著申请孙冶方经济学论文奖。尽管后来未能入选，但先生认为我的论文有独到之处，开拓了中国口岸开放与发展领域的经济学研究范畴。

先生已去，记忆长存。不忘初心，报国为民。

附件：

## 《中国口岸开放的政治经济学分析》书序

朱振同志的博士学位论文《中国口岸开放的政治经济学分析》，即将由中国经济出版社出版。作为他的博士生导师，我和作者一样感到欣慰。

朱振同志自参加工作以来，一边努力工作，一边自学不辍，八年前（2007年）报考了中国人民大学经济学院博士研究生。在攻读博士学位三年期间，他刻苦钻研、勤学不辍、孜孜不倦，节假日从不休息，如期完成了学业，获得了博士学位。

朱振同志在国家口岸管理部门工作，他坚持理论联系实际，选取中国自古至今对外开放口岸及其发展问题作为博士学位论文的主题。这一选题难度较大，其主要原因在于，中国对外开放口岸时间跨度长达两千多年，口岸开发运行的历史资料收集较难，研究中涉及的学科门类较多，且此前鲜有专家学者对两千多年来中国口岸开放及其发展问题做过系统研究。面对研究中的诸多困难，他迎难而上，夜以继日，专心致志，精心撰写论文，按时通过了论文答辩。

纵观朱振同志的这部论著，有以下三个特点：

第一，研究方法新颖。作者从全球视野、古今演变和中外比较的视角，系统研究了古代、近代、现代三个历史阶段中国对外开放口岸及其发展问题。文中广泛运用了政治经济学、经济地理学、经济史、统计学、国际贸易学、计量经济学、管理学等知识，既有规范分析，又有实证分析、案例分析和典型例证，研究视野宽广，有理论深度。

第二，研究内容厚重。重点研究了近500年间特别是自1840年第一次鸦片战争以来近200年间中国对外开放口岸问题，较清晰地通过口岸开放和发展反映了中国对外开放与现代化建设进程。

第三，研究成果可鉴。论文关于中国口岸开放和发展问题的研究成果，对于我国全面深化口岸开放、加快构建开放型经济体系、推动实施"一带一路"倡议等，具有一定的参考价值。

是为序。

中国人民大学　**胡乃武**

2015年11月于明德楼

# 慈容宛在　风范长存

## ——怀念永远的恩师胡乃武先生

石宝峰[①]

惊闻胡乃武先生6月9日仙逝的消息，万分悲痛！仔细回忆多年来与先生交往、受先生教诲的点点滴滴，感到无比幸运、无比温暖！想到以后不能再围于先生膝下春风中坐、聆听教诲，感到无比遗憾、无比痛心！我于2001年考入中国人民大学经济学研究所，跟随黄隽老师攻读硕士，包括黄老师在内的所里多位老师都是先生的博士，由此我当时作为先生的徒孙辈，间接地获得了先生的教益，从先生身上汲取营养，学专业、学处事，更重要的是学做人。工作后，2008年我又考到经济学院兼职导师朱之鑫老师门下攻读博士，按照学校的安排，先生担任我的在校导师，负责指导我的日常学习和博士学位论文，这才幸得先生的耳提面命，耳濡目染，切近领略了先生的风范。先生的教诲，让我更加深刻地感到，无论在为人、治学、处事，还是工作、学习、生活等各个方面，先生都为我们树立了高山仰止的典范。

——**先生刻苦卓绝，认真严谨，树立了为学治学的典范。** 从先生那里得知，先生从小就对自己要求极严，始终抱有坚定的学习信念，勤奋学习、发奋读书，展现出了超乎常人的毅力。后来，为适应国家大规模经济建设对专门人才的需要，先生毅然考入中国人民大学计划经济系专攻经济学，立志为建设祖国而学习，学习之刻苦达到了废寝忘食的程度。研究生

---

[①] 石宝峰系胡乃武教授2008级博士生。

毕业后，先生留校任教，致力于经济学理论研究和经济建设人才培养，一干就是五十多年。在繁重的教学和科研工作中，先生始终坚持多读书、多思考、多写作，以深厚的马克思主义理论素养，以坚韧不拔的顽强毅力，在国民经济管理、经济体制改革与经济发展、社会主义经济理论领域取得了丰硕的理论成果，在报刊上发表学术论文300余篇，出版学术专著30余本，主持国家级重大项目、重点项目以及省部级项目10余个。先生是我国杰出的经济学家、教育家，是新中国国民经济学学科的开拓者和带头人。先生的为学治学成果不仅体现在著书立说上，而且体现在经世致用上。早在1979年改革开放之初，先生就率先提出社会主义经济是商品经济，应当重视价值规律和市场的观点；提出国有企业的生产资料所有权可以同生产资料的使用权、支配权以及经营权相分离，应当让国有企业"自主经营、自负盈亏"的主张；提出将社会主义初级阶段的理论写入党的十三大报告的重要建议；提出社会主义市场经济条件下的宏观经济管理包括总量管理、结构管理、平衡管理三条主线，以及经济运行、宏观调控、经济增长与发展等主要内容，由此形成中国宏观经济管理学的一套完整理论体系；提出宏观调控体系由中央的计划、财政和金融三大部门，以及计划手段、经济手段、法律手段和行政手段组成；等等。这些重大论断和观点，不仅

对经济理论研究做出了重要贡献，而且为党中央做出经济社会发展重大决策部署提供了科学依据，为解决好我国改革开放进程中的诸多重大经济问题提供了重要借鉴。

胡老师向人大档案馆赠予自己出版的部分著作

——先生沉稳大气，宽厚包容，树立了崇高人格的典范。先生这一辈人，经历了共和国的风风雨雨，丰富的人生阅历中，饱含了各种苦难和挫折心酸。然而，跟先生交往这么多年，从来没有听到先生抱怨过什么，没有听到先生说过谁的不好。他总是以坚定的信念和积极乐观的态度看待党和国家的事业发展，以最大的善意去看待周遭的人和事，这充分体现了先生对党和国家的拳拳赤子之心，体现了先生与人为善、宽厚包容的崇高品格。先生非常喜欢诸葛亮《诫子书》中的那句"非淡泊无以明志，非宁静无以致远"，常手书"淡泊明志，宁静致远"的条幅送给学生。这既是先生对弟子们的期许，又是老人家一生的真实写照。正是因为看清了世俗的名利，才能更加明确自身的志向；正是因为身心宁静，才能不断努力去实现自身的理想。四海五洲桃李艳，身居陋室乐忘忧。先生淡泊名利，从不争名，更不与人争利，教书育人、报效祖国的志向却无比坚定；先生身心恬泰，乐观豁达，宽以待人，严于律己，一生勤劳耕耘，实现了常人难以企及的人生目标。学校多次推荐先生走上行政岗位，担任领导职务，但他

## 慈容宛在　风范长存——怀念永远的恩师胡乃武先生

坚辞不去，而是始终专注于自己的教书育人事业，在普通的教师岗位上默默坚守、辛勤耕耘。俗话说，相由心生。正是因为有着崇高的品格和良好的心态，先生面态慈祥，音容和婉，待人接物让人如沐春风，有着一种深深打动人、感染人的人格魅力。这种魅力也一再感染着我和周边的人，让人心向往之。有几次去先生办公室，也就是明德主楼839房间，谈起工作中单位里发生的一些事情，我没有忍住发了一大通牢骚和抱怨。先生听后对我几经宽慰，让我放平心态，风物长宜放眼量，放下心中的包袱，打开心扉，讲团结做好工作。近几年，先生因患上静脉曲张，抬脚吃力，走路多有不便。但每次去办公室看完他告辞时，先生总要送到电梯门口，我常坚持让他不要送，可先生每次照例送出来，慢慢地一直送到电梯口才道别。有一次他拉着我的手面带微笑地说："你能常来看我我很高兴，工作和生活中如遇到什么问题不要着急，要团结大家一起解决，我也能给你必要的帮助。"在安静的楼道走廊里，先生微笑着对我挥手道别，看着电梯门缓缓关上，那一刻定格成我心中最温暖的景象。先生的话语音犹在耳，笑容仍时常在脑海中回荡。是先生的宽厚包容，让如今的我更能容纳下难容的人和事，更敢于面对人生中的任何困难，更加笃信今后再没有迈不过去的坎儿。

**胡老师与他所指导的博士生合影**

——先生春风化雨，甘为人梯，树立了教书育才的典范。先生既是经济学大家，又是杰出的教育家。先生把教师的身份看得最重，一辈子热爱并献身于党的教育事业，始终孜孜耕耘，诲人不倦。从教五十多年来，先生始终坚守在教学科研一线，长期坚持给学生上课，坚持带研究生，坚持带领学生开展研究。在2009年被评为人民大学一级教授之后，仍然坚持给本科生上课，仍然每年尽可能带研究生，仍然认真指导学生的毕业论文。对待教学，先生从来都是一丝不苟，无一刻懈怠，不管听课对象是谁，不管课堂讲授内容多么熟悉，课前总是认真备课，经常补充课程相关的最新前沿研究成果，把笔记和注解密密麻麻地写满备课本。对待研究工作，先生从来都是严谨细致，要求极高，小到文字推敲，大到新观点、新理念等创新成果，都要与研究人员反复商讨研究。等到发布研究成果或者刊发文章之时，先生总是要求把其他研究人员或者学生列为第一作者，自己要往后放，有时甚至连名都不署。在指导我的博士学位论文时，先生因年事已高，眼睛看论文已经很吃力，但他坚持从开题报告到文献、再到初稿和终稿，用放大镜逐字逐句地审读，从篇章结构到原理、观点、模型运用等，提出了几十条意见建议，还把论文分送给几位相关研究领域的专家学者审读并提出意见，督促我及时修改完善，使论文得以顺利通过答辩。先生既为经师，又为人师，既传道、授业、解惑，又教学生如何做人、更好地为人，既重言传，又重身教，在教育中真正体现了以生命带动生命，以精神孕育精神。桃李不言，下自成蹊。几十年的教育生涯，先生培养出一百多名博士硕士，受过他指导和帮助的学生更是不计其数，为我国经济建设和经济管理事业输送了大量优秀人才。他们当中有的担任党和国家经济工作领域的高级领导干部，有的成为经济理论研究领域的知名学者，有的成为我国商界和知名企业的翘楚，还有大量学生成为经济建设方面的其他专业人才，在各行各业为我国经济社会发展做出了巨大贡献。先生育才、爱才、荐才、用才，对于人才，总是创造各种条件，搭建适合的平台，让人才学有所用、才尽其用。先生推荐优秀学生到国家宏观经济管理部门去工作，到大学和研究机构去任教，到国外知名大学继续留学深造，担任学校管理职务……在举荐人才方面先生不抱私心、不拘一格、不遗余力，始终甘为人梯，这是多么博大的胸怀，才造就了如今桃李芬芳、人才辈出的蓬勃局面。

——先生润物无声，大爱无言，树立了关爱学生的典范。先生的学生当中，绝大多数人在求学、就业乃至交友、成家，特别是人生重要节点和重大问题面前，都得到过先生无私的帮助。学生在学习中遇到困难，先生总是第一个伸出援手帮助协调解决。有时学生家里遇到一些困难，先生得知后也会尽可能想办法帮助解决。与关注学生的学业一样，先生也很关心学生的身体，有时看到学生为了学业或者遇到困难而身心劳累，先生总会早早洞察到，叮嘱学生要调节好学习和生活，注意休息把身体调养好。先生对学生的关心关怀浸润到了几乎每位学生的心田。因为腿脚行动不便，有几年先生干脆就住在办公室，这给了学生们去看他的大好机会，有时电话约个时间，有时不约也就上了门。那几年，先生的办公室"门庭若市"，都快成了谈话室、心理咨询室乃至学生活动室。在校生固然近水楼台经常来，在北京工作的主要是周六日或者节假日来，外地出差来京的则是工作之余抽个空也来找先生坐坐。对于学生来访，先生从来都是来者不拒，迎进门，落了座，他亲自打水烧水泡好茶，在小桌旁促膝而谈，聊聊最近的见闻，聊聊对时局、对经济形势和热点问题的看法，有时也聊聊工作中遇到的困惑和问题，无所不谈，大家也不用顾忌什么。先生思路清晰敏捷，学养深厚，经常读书看报，持续跟踪时政，看问题、谈看法，经常给人以醍醐灌顶、豁然开朗的感觉。先生也非常乐意倾听学生在工作生活当中遇到的问题，经常是在喝茶聊天当中就把人生道理娓娓道来，谈笑间让问题迎刃而解。先生喜欢喝茶，对茶也持兼容并蓄态度，喝各种各样的茶，而且不仅喜欢喝，还研究茶。有一次先生查阅很多文献写了一篇对茶叶分类和功效的研究文章，发给我让我也要按此喝茶调养身心。早几年，每到一个地方出差，我都找找当地有什么特色茶，给先生带回去品尝下。久而久之，很多学生也都从全国各地寄来各种各样的茶。茶叶多了，来找先生喝茶的学生也更多了。在茶香四溢的小小办公室里，先生用循循善诱的话语传递着对每一位学生的关心和爱护。曾几何时，先生的一壶清茶让我彻底看清了眼前的迷茫，一杯红茶瞬间温暖了我失落的心境，工作上的烦恼、生活中的困难，跟先生说一说，也就有了解决和克服的办法。先生那和蔼慈祥的笑容，化解了我多少遇到的难题。多想再到先生那间充满茶香、饱含深情的小屋，在小桌旁陪先生再喝喝茶、说说话！

教诲如春风，师恩深似海。先生已经离开了，但先生的品格永存！风范永存！精神永存！先生的音容笑貌和光辉成就，将永远温暖着我的人生旅程，永远激励着我勇敢前行，努力做出更好的成绩，活出精彩的人生！怀念永远的恩师胡乃武先生！

# 淡泊明志　宁静致远

## ——追忆胡乃武老师二三事

陈岳虹[①]

2021年6月10日下午，单位党总支组织到香山革命纪念馆参观学习。在回程的路上，收到了乔姝元的消息：她本来在询问李佩洁关于学校疫情防控的要求，想端午节的时候回校探望老师，结果得到的消息却是胡老师昨晚走了。看到这条消息时，我呆住了。我抬头看着窗外喧闹的街道、流水般的车辆，蔚蓝的天空仿佛突然间蒙上了一层雾气，悲痛如翻江倒海般汹涌而来，但同时又有着千万个不相信，这一次竟是诀别！2021年6月9日胡老师走了，他永远地离开了我们！

**胡老师与研究生合影**

---

[①] 陈岳虹为胡乃武教授2008级硕士生。

**忆当年，有幸入师门。** 2008 年 9 月，奥运会结束后的夏天，我们迎来了研究生入学。某天傍晚刚从食堂出来的我，接到了一个电话，也成了我和胡老师的第一次接触。电话那头他问道："你好，是陈岳虹同学吗？我是胡乃武老师。"听到这里我激动得快要跳起来了。胡老师问我是否有时间现在去他的办公室，他跟我谈谈定导师的事情。很快我到了办公室，第一次见到了胡老师，胡老师同时还叫了我们同届的同学一起，向我们说明了这一届的导师安排。这次会面可以说是我们正式的入门仪式了。跟胡老师的第一通电话和随后的会面，让我对胡老师有了第一次认识，和蔼、谦和、平易近人，这一切的成全是偶然也是必然，成为胡门弟子，三生有幸。

**言传身教。** 在我们的认识里，手稿是给出版社、杂志社交付的原始文稿，早已习惯了电脑打字、手机打字的我们，已经很久没有手写过文章了，也很久没有在手写稿上进行过修订了。入师门后没多久的第一项工作，就是帮助胡老师将手写的书稿打成电子版。这是我第一次见到手写的书稿，整齐的字迹，清晰的修订标记，厚厚一摞。打字，这是我对这项工作最初的理解，但实际上这个过程是胡老师的言传身教。他用自己的治学态度，影响和教育着我们。那段时间，胡老师每天忙到深夜，我们几个研究生则是轮班都已经觉得很辛苦了，而胡老师始终保持认真、谨慎的工作状态，感受不到一丝疲惫。对于书稿中的每一句话他都字斟句酌，还会跟我讨论如何能够更好地用更精练的语句表达意思。他会告诉我，在以后的学习和工作中，都要保持这样的谨慎态度，对于自己提出的观点、交出的文章，要至少读上三遍，要保证没有错误、意思准确。现在回忆起来，胡老师的原话已经模糊了，但"三遍"已经刻进了骨子里，成为我行为的准则。

**授人以鱼不如授人以渔。** 开始研究生学习以来，胡老师一直在为我们考虑研究方向以及未来的工作方向，他希望这两者可以结合起来，这样更有利于我们的发展。此时，胡老师的博士生郑红师姐正在做"汇率在货币政策中的作用：理论研究与国际经验"研究，老师便让我们几位硕士生跟郑红师姐一起参与研究。师姐将她在人民银行的工作经验积累倾囊相授，并引导我们开展理论研究。我们每周定期对研究成果进行分享、讨论，在讨论中汲取大家的智慧。这个过程与以往的课堂授课完全不同，是在实践中不断积累、提炼、升华，也让我们真正明白了研究生学习的意义。我们除了进一步丰富自己的学识外，更多地应该是掌握研究问题的方法和能力。

胡老师与获得硕士学位的学生合影

**淡泊明志，宁静致远。**胡老师是我国国民经济学领域的学术泰斗，学术成就卓著、桃李遍天下，但他一生却潜心学术、甘为人梯、淡泊明志。胡老师一生勤俭节约、艰苦朴素。在研究生期间，有一次他找我跟他一起去移动营业厅办理手机话费的事情。营业厅在联想桥附近，彼时，胡老师已经年过古稀，我怕胡老师走过去太累，就提议打车过去，结果胡老师却问我有没有自行车，他说我们可以骑车过去，于是我就见到了胡老师骑28自行车的样子。不仅如此，胡老师出门办事，除非学校的工作，他不会使用公车，都是坐公交车出行。胡老师酷爱书法，但他对于笔墨纸砚并没有要求，往往是有什么就用什么。他一生都在以"淡泊明志，宁静致远"为座右铭，也以此来教导我们。往后余生，我将继续以此要求自己，希望能够达成更高的思想认识，不负老师的教诲。

胡老师已经离开我们快20天了，但我迟迟无法动笔，每每回忆起过往都悲痛万分、不能自已。2014年胡老师赠书的"淡泊明志，宁静致远"一直放在我的书架上，以此为题，写成此文。谨以此文，纪念敬爱的胡老师。胡老师，您一路走好，安息！

# 悼念恩师胡乃武先生

乔姝元[①]

到现在，我还有种不真实的感觉，总想着是不是还在梦里，其实醒来我给胡老师打个电话，还能听到老师那一声亲切又略带颤抖的"喂"……

一切都是那么突然。昨天下午我像往常一样，想着先联系一下李佩洁，问问老师近况，看看学校现在能不能进外人，然后再跟老师电话约一下端午节去探望他老人家。结果我问完后，佩洁就回了一个哭脸。那一刻我的心咯噔了一下，立刻问她怎么了："别吓我！"我甚至已经做好了那时以为的最坏打算，想老师是不是身体不适，甚至住进了医院，但我万没料到，等来的是一句"胡老师昨晚去世了"……

我第一次知道，短短八个字，竟会有这么大的冲击力，像一记重拳打向我的胸口，只觉胸口沉闷、郁结难抒，更让我无法接受的是那个时间：昨晚？！这些时日我一直计划着端午节去看老师，还为老师准备了一套湖笔，想着还能看到先生挥洒笔墨的样子，然而只是晚了一天，我竟再也无法听到老师的声音。

犹记得三周前我偶尔经过人大东门，当时十分想进去看看老师，因为疫情已经许久未曾见到老师了。结果问了门卫才知需要提前预约，本想当时就给老师打个电话，后一想，马上临近端午，也不差这几天，到时候准备准备再来看老师。结果，世事无常，仅一日即天人永隔，况乎三周？！我现在只恨当时没给老师打个电话问问情况。更没想到，我与老师的相见只隔了一个人大东门至西门的距离，与老师的通话也只差了不到17个小时

---

① 乔姝元为胡乃武教授2008级硕士生。

就再也无法拨通……

天意弄人，何至于斯！

世人皆知胡老师在学术上的成就、在教书育人上的贡献，然而作为胡老师的弟子们，我们眼中的胡老师并不只是一个严谨治学的学界泰斗，他更是像父亲一样关爱着学生们的慈祥老人。他悉心指导我们做学问，他始终教导我们要正直善良、心怀大爱，他关心我们的生活，操心我们的就业，哪怕毕业了也总惦记着我们工作是否顺利、家庭是否幸福。他就像一名普普通通的父亲，一直放心不下已经远行的儿女，唯一不普通的，就是这名父亲有几百个遍布天下的儿女。

**2008 年胡老师从教 45 周年时与学生的合影**

记得我 2008 年研一刚拜入胡老师门下时，曾有师兄师姐戏称"你们可能就是胡老师的关门弟子了"。是啊，那一年胡老师已经 74 岁高龄，虽然老师身体硬朗，但大家都以为老师也到了该休息休息、颐养天年的时候了。然而，后面一届又一届的同门师弟师妹们，让我越来越清楚，什么叫"躬耕一生，桃园杏坛不言悔"。

自 2010 年毕业至今，已 11 年，从毕业后我就与同门约定每年逢年过节都要去看望老师。因此，每次回到人大，就像回到了故乡，进入明德主楼 839 就像回到了家。而最重要的是，看到那位含笑望着我们的老人，就是见到了家人。品一杯老师亲手泡的茶，听老师讲讲茶道、聊聊学校的近闻；两三句问候彼此身体和家庭的话，却盛满了真挚的关心和在意；工作上的困难跟老师说说，生活上的不如意向老师倒倒苦水，而老师总是用他的宽仁包容和风细雨般化去我们的愤懑与不平。每每从老师那里离开，仿佛在家好好睡了一觉，一出门又能活力满满地拼搏和奋斗。现在想想，作为学生，我们似乎总是在从老师那里获取知识和能量，而能回馈给老师的则少之又少，每年不过几通电话、几次相见。可即使这样，老师就已十分满足。每每与老师聊起一些同门的近况，他知道大家过得很好、工作顺利、家庭和美，就已经非常开心了。

**胡老师与学生乔姝元合影**

培育桃李常尽瘁，光辉竹帛永流芳。

先生千古，贤德永存。胡老师，您一路走好！

# 师恩难忘 永记于心
## ——沉痛悼念博士生导师胡乃武教授

王伟杰[①]

2021年3月20日，前往山西太原看望胡老师，并且在其外甥家中与胡老师共进午餐。然而，6月10日下午6点多，在胡门弟子的微信群中，惊闻胡老师去世的消息，愕然、震惊、悲痛依次袭来！晚上打车回家的路上，与胡老师相处的点点滴滴像电影画面一样，在脑海中一帧帧地回放。再想到短短80天，就与胡老师阴阳两隔，不禁潸然泪下！

忘不了胡老师平易近人、和蔼可亲的高贵品格。2007年我从人民大学经济学院硕士毕业后，一直有攻读博士学位继续深造的想法，但为了平衡工作与学业，一直到2010年初才开始联系导师，正式备考2011年的人大博士研究生。在人大，早就知道胡老师是我国国民经济学学科的奠基人，但读硕士期间与胡老师并无太多交集。准备考博后，我怀着忐忑的心情慕名去办公室拜望胡老师，希望将来能够做他的博士生。表明来意后，胡老师热情地招呼我坐下。我向胡老师详细汇报了我过往的学习历程与当时的工作情况。胡老师听完后，面带微笑欣然应允；同时叮嘱我说："边工作边准备考试会比较辛苦，一定要做好复习备考计划，在当年度报考他的学生中考进前三名才有复试资格。"胡老师的话语充满关怀与鼓励，让我第一次感受到胡老师的平易近人。经过近一年的认真准备，我参加了人大2011年的博士研究生入学考试，并且在报考胡老师的学生中取得了第一名

---

① 王伟杰为胡乃武教授2011级博士生。

的成绩，如愿成为胡老师的博士研究生。如果没有胡老师当初的鼓励和支持，我断然不能以一种平稳的心态坚持一年的备考，最终也难以再次迈入人大，实现自己的博士研究生梦想。

2011年下半年，胡老师家收养了几条小狗，偶然得知胡老师正在为尽快办理养犬证的事着急，而我刚好在派出所有认识的朋友，因此拜托他在合规的前提下以最快的速度完成办理并把养犬证交给胡老师。这本是一件小事，但胡老师却念念不忘，以至于在后续的几年时间中还经常提起，感谢我帮了大忙。然而，胡老师培养学生所付出的心血，却从未听他主动提及。

2021年3月，由于胡老师已经搬到山西太原一年多，很是想念，因此于3月20日利用周末时间前往太原看望胡老师。在胡老师的外甥家中探望了胡老师后，本来预定了酒店，计划请胡老师出去吃饭，但胡老师安排一定要在家中吃午餐，炖土鸡、摊馅饼、酱牛肉……胡老师安排做了一桌子好菜，就这样像家人一样跟胡老师边吃边聊了好久，很是幸福。胡老师不仅是我学业上的导师，更是一位平易近人、和蔼可亲的人生导师。

博士学位论文答辩后，胡老师与学生王伟杰合影

忘不了胡老师潜心学问、精益求精的严谨学风。胡老师著作等身，自1977年以来，在《人民日报》《光明日报》《经济研究》《新华文摘》等报刊上发表学术论文300余篇，出版学术专著30余本，主持国家级重大项目、重点项目以及省部级项目10余个。主要研究成果包括《胡乃武文选》《中国社会主义经济问题》《计划经济学》《经济杠杆导论》《中国宏观经济管理》《国民经济管理学》《社会主义和谐社会利益关系研究》等。我本人在撰写博士学位论文时，正在中信集团下辖的地产板块工作，因此论文选题为我国房地产宏观调控方向。完成论文选题后，胡老师叮嘱说："房地产是当前的热点问题，论述一定要严谨，研究结论的推演要有翔实的数据支持。"自那时起，胡老师在报刊上看到关于房地产调控的相关文章，都会第一时间打电话给我，让我学习参考。同时，为了将数据分析作为政策判断的重要依据，我又重新复习计量经济分析与建模、高级计量经济学及Stata应用等课程，以更好地完成论文中的实证分析内容。论文成稿后，胡老师引领我对相关结论深入求证，逐字审核，确保行文规范、逻辑清晰、结论严谨后才提交答辩申请。答辩时，胡老师邀请了陈德华教授（北京大学经济学院经济学系原系主任）、王柯敬教授（中央财经大学原校长）、侯荣华教授（中央财经大学经济学院原院长）、方芳教授（中国人民大学经济学院原国民经济管理系系主任）、黄隽教授（中国人民大学经济学院原院长助理）五位专家组成答辩委员会，对论文进行了认真审核并提出了后续进一步深入研究的方向。博士学位论文的撰写过程是一幅记录奋斗与拼搏的时光画卷，充满艰辛亦充满收获，更让我见证了胡老师潜心学问、精益求精的严谨学风，使我备受启迪并受益终身。

忘不了胡老师提携后进、成人之美的高尚情怀。胡老师在培养人才方面始终甘为人梯，鼓励学生超过老师；同时，积极创造条件，帮助学生们脱颖而出。我本人在博士毕业后，除了疫情期间外，每年的教师节、春节前后都会到胡老师的办公室汇报自己的工作近况，聆听他的谆谆教诲。针对个人的事业发展，胡老师开导道："一个人的事业进步离不开'机遇、勤奋、天资'三个要素，不要在意一时一地的得失，要多练内功，注重积累，这样机遇出现的时候才能够及时抓住。"除此之外，胡老师还经常给学生们写几幅毛笔字，比如"淡泊明志，宁静致远"，"盛年不重来，一日难再晨；及时当勉励，岁月不待人"，等等，勉励我们注重心性修养，珍惜宝贵时间，多做有意义的事。胡老师对于培养的学生，在毕业时都会根据各自的兴趣爱好和专业特长给出工作建议，同时积极举荐、提携后进，希望我们能到适合的岗位上发光发热，期待我们在事业上取得更好的成绩，能够成为"国民表率、社会栋梁"。胡老师也身体力行，以自身为榜样，鼓励着他的学生们。2017年，为庆祝中国人民大学建校80周年，胡老师著作精选本——《胡乃武自选集》出版发行，其中收录了两篇2016年的文章，也就是说，胡老师80多岁时还在《政治经济学评论》《毛泽东邓小平理论研究》等刊物上发表文章，真正做到了耕耘不停，笔耕不辍。

**博士学位授予后，胡老师与学生王伟杰合影**

备考、入学、选题、答辩……往事一幕幕涌上心头。最后一次在山西太原与胡老师见面时，胡老师叮嘱我努力工作、在门口与我挥手告别的情景更是历历在目。谁曾想山西一见竟是诀别，想到此处，忍不住再次泪洒书桌！胡老师，愿您一路走好！胡老师，愿您在天堂安息！

# 悼念恩师胡乃武

褚玉萌[①]

今天，是中国共产党成立100周年的重大节日，举国欢庆。在收看完庆祝活动直播后，我来到位于北京昌平郊外的桃峰公墓，看望一名忠诚的、为党和人民奉献一生的共产党员——我的恩师胡乃武教授。

时至今日，我依然不愿相信恩师永远离开了我们。在我的印象中，胡老师精神矍铄、身体康健、为人大度谦和，想当然地认为他会一直在人大明德主楼的8层办公室等着我们。6月9日，杨瑞龙师兄在弟子群里发了胡老师仙逝的消息。我陷入沉思，久久没能回过神来。从去年底开始，我就一直约同门去山西看望胡老师，后由于疫情等各种原因未能成行，没想到2015年赴巴布亚新几内亚工作前的告别竟成了永别，悔恨不已。当李佩洁师姐询问谁可与万晓芳师姐一起去八宝山操办一些后事时，我第一时间响应，当即从小汤山驱车前往，因为我知道，这可能是我能为胡老师最后做的事了。

我于2011年到2013年在胡老师门下读硕士研究生。拜师之初，更多的是仰慕胡老师大师的名气，不曾想有幸能与老师近距离地朝夕相处两年。胡老师不仅是我学业上的导师，更是我人生的导师。这些天来，与胡老师相处的场景会不自觉地在脑海里放映。胡老师生活十分朴素，不追求物质享受。人大老师分房时，以他的资历，可以分到条件优越的大房子，但他舍不得离开工作和生活了几十年的人大校园，所以选择继续居住在几十平方米的旧房里。胡老师很节俭，我陪他去城乡超市购物时，见他也只

---

[①] 褚玉萌为胡乃武教授2011级硕士生，现供职于商务部党校。

图为胡老师日常在办公室看书写作

买一些平价的生活用品,买蔬菜也要先对比价格,而在八十寿辰时却慷慨捐赠 10 万元资助贫困学生。胡老师如慈父般关怀自己的每一名学生。有一件小事让我很受触动。2012 年暑假,我在美国乔治城大学交流学习,给胡老师带了当地博物馆的一本画册作为小纪念品,他很是喜欢。在征得胡老师同意后,我们选择一张,在北京美术馆附近的市场装裱起来,挂在了他办公室墙上。毕业后再去看望他时,看到那幅画依然挂在那里。我知道其实胡老师有不少精美的画作收藏,把那幅画长期挂在那里,我想他一方面是出于喜欢,另一方面也是出于对一名年轻学生的关爱。他很重情谊,珍惜老朋友。在从教五十周年学术研讨会后,他列了一份长长的人员名单和地址,委托李佩洁师姐和我将他最新出版的《胡乃武文选》一一送到老友手中。有的朋友年事已高,早已搬离旧址。我们告知胡老师后,他多方联系打听新住址,最后我们把新书全部送到,收到书的老友都十分感动。8 年前的毕业季,在我们即将迈出校门时,胡老师郑重地把我们 5 名毕业生召集在一起,为我们上了一堂人生课。我印象最深刻的是,他结合自己的亲身经历告诫我们,要保持政治坚定、不随波逐流,要立志高远、不追求俗物,要吃得了苦、为国家多做贡献。他的教诲极具说服力,因为他一生恪守这些信条,受到了众人的尊重。走向社会,尤其是在体制内工作,胡老师的这些教诲令我受益匪浅。

胡老师辞世以后，我才深刻感受到什么是，有些人走了，他还活着。我没有能力全面评价老师的一生，也无法穷举他的宝贵品质。我只是切身体会到，他从年轻时就志向远大、信念坚定，深怀"经世济民"情结，投身宏观经济管理事业。他心地善良，乐于助人而不图回报，真正做到了严于律己、宽以待人。他淡泊名利，放弃了很多当官的机会；他热爱教书育人，培养了很多国家栋梁之材。坦诚地讲，直到胡老师走后的日子里，我才意识到，他对我的影响如此之深，已经内化到我的思想深处。

今后，我还会经常回到人大校园，站在明德广场上仰望。主楼8层那束温暖的灯光，会一直照耀着我继续前行。

胡老师走了，他的精神永存。

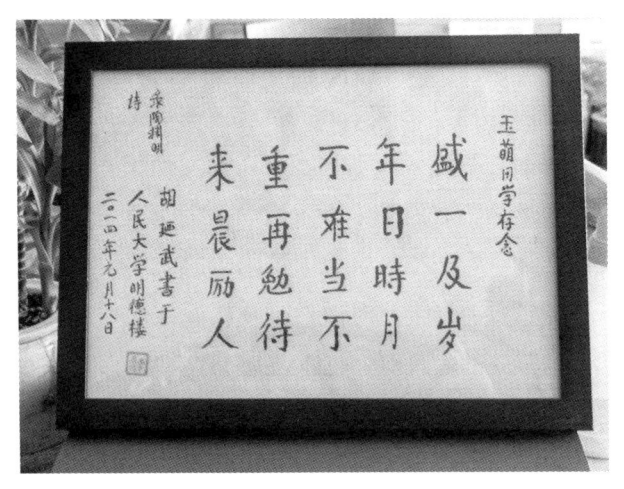

**胡老师给学生褚玉萌的赠言**

# 怀念恩师胡乃武教授

许嘉和[①]

2021年6月10日，在下班乘地铁途中，看到了杨老师发的胡老师昨晚仙逝的消息。得知这个消息，我感到十分难过，心里像是压着一块大石头，说不出的难受。一直到回到家，都是胸闷的感觉。回想起老师的音容笑貌，仿佛就在眼前。

因为疫情，2020年以来就没去过学校，后来听说胡老师回山西了，前不久看到同届的李老师发的胡老师的一段视频，还去问有没有完整版的。没想到，再次知道他老人家的消息却是驾鹤西去。回想起2019年底时，去胡老师的办公室看望他，老师还精神矍铄，两眼炯炯有神，热情地给我倒茶，问我的工作情况、家庭情况，并让我尝尝他的两种不同的茶，还跟我说绿茶不能晚上喝，晚上适合喝红茶。这是最后一次去看望胡老师，他仍然坚持要把我送到电梯口，看着我乘坐电梯离开，这一幕至今还浮现在眼前。

在读博士之前，尽管早已闻知胡老师的大名，但并未近距离接触过胡老师。在报考胡老师的博士生之前去见他时，胡老师已年逾古稀，但身体状态、精神状态都很好，给人感觉既睿智博学，又特别和蔼可亲，一下子就感受到了他的人格魅力。他详细询问了我之前的学业、现在的工作情况，讲述了他带博士生的要求，并强调即使是在职，也需要认真完成专业基础课程和毕业论文。老师特别淡泊名利，一辈子将教书育人作为他最大的事业。在他老人家送我的一幅字上，就写着"淡泊明志，宁静致远"。

---

[①] 许嘉和为胡乃武教授2012级博士生。

胡老师（右二）和卫兴华教授（左二）与博士学位获得者合影

回想起跟老师相处的时光，有几个细节让我铭记至今。有一次周末，我去明德楼看望老师，快到中午了，我说请老师吃午饭，老师坚决不肯，而且让我陪他去西区食堂吃饭，无奈只能答应老师的要求。老人家已年逾八旬，走路已经很慢了，而且是夏天，天还有些热。我说老师您需要一根拐棍，这样就不容易摔倒了。胡老师说他有拐棍，但不能用拐棍，因为一旦用上，就再也离不开了。他宁愿慢慢走，保持身体的机能。

有一次，胡老师审阅我博士学位论文的初稿，谈到论文脚注的格式，我也没有特别注意，胡老师一时也不那么确定，就跟我说，你回去仔细查一查《研究生手册》。过了一会儿，他想到我的《研究生手册》没准儿都找不到了，就去书架上找了一本，说送给我。我回到家后，仔细学习了博士学位论文的格式规范要求，对照着进行修改。想起老师对论文脚注格式都那么认真细致，让他老人家为这个操心，我心里感到实在惭愧。

在胡老师逝世之后，我总是不愿意相信这是事实，还想着能有机会去明德楼看望他老人家。在很怀念胡老师的时候，再次翻看老师的著作和文章，扑面而来的还是老师对他毕生从事的教书育人事业深深的热爱，以及对青年学子无限的关爱。

再次打开老师在75岁高龄仍亲自主编的《主文献阅读》，体会他为了培养人才、教书育人的不辞辛苦。在他老人家为国民经济学专业博士生撰写的《谈谈博士生主文献的学习问题》近两万字的文稿中，老师特别强调了学习主文献的重要意义。老师认为"实行博士生主文献阅读制度的根本意义就在于它能够保证与控制博士生的培养质量。博士生在攻读博士学位期间，除了上必修课与选修课之外，还必须认真阅读博士生主文献，甚至可以说，主文献的学习要比上博士学位课程更为重要。这是因为，主文献在基础理论和专业知识的深度和广度上都优于学位课程"。老师专门讲述了如何正确对待马克思主义经济学和西方经济学，对主文献中的七篇论文提炼了内容简介，并谈及自己的学习体会。他还特别提到，主文献的书籍部分中马克思的《资本论》和凯恩斯的《就业、利息和货币通论》，国民经济学专业的博士生都应该认真读一读。

老师在他的自传中写道："我的教学任务十分繁重，每学年都大大超过教育部规定的教学工作量。特别是在1982—1992年的十年中，平均每年完成的教学工作量相当于国家教委规定的应完成年教学工作量的两倍。最多的时候，每周为本科生、研究生和进修生授课多达18小时。"老师教学

胡乃武在办公室

之认真、工作之辛苦由此可见一斑，但他仍旧坚持一边教学、一边研究经济学前沿问题。

虽然胡老师已经仙去，但我感觉他还在人大，还在明德楼，他的声音还在耳边响起，他缓慢的脚步还在人大的校园里不时出现，他平和睿智的目光还在注视着学生。

胡老师的学术贡献指引着我们、治学精神激励着我们、高尚的人格熏陶着我们。能有幸聆听胡老师的教诲，乃三生之幸！胡老师为我题的字，他老人家留下的《胡乃武文选》，还有他亲自主编的《主文献阅读》，都是老师留给我们的宝贵精神财富。我将继续从中汲取营养，不负老师的期望，以优秀的师门同仁为榜样，踏实做人，积极工作。

胡老师永垂不朽！

# 向胡乃武教授学习如何做一位好老师

李佩洁[①]

今天是父亲节,倏忽间恩师胡乃武教授离开我们已经 11 天了。还记得那是一个烦闷的夏日,不知为何心情十分低落郁闷,迟迟无法入睡。凌晨两点多突然接到人大派出所和学校总值班室的电话,告诉我胡老师逝世了,让我赶紧去海淀医院!巨大的悲伤袭来,眼泪止不住地流:"怎么会这样,胡老师明明是好好的。"多希望自己是在做梦,盼望赶紧从这场噩梦中醒来。随着时间的推移,无奈接受了这是现实而不是梦境,胡老师真的这么突然地离开了我们。在医院急诊室看到他,表情仍旧是那么安详淡然,仿佛可以化解一切苦难。

随后经历了波澜起伏的六天,在 6 月 15 日顺利举办了遗体告别仪式和追思会;6 月 16 日前往昌平桃峰公墓送胡老师最后一程。仿佛上天亦有感应,偏是在胡老师下葬过程中的那一个小时下起小雨来,似与我们一同在悲泣。待老师入土为安后,雨突然停了,好像是他在天之灵想要告诉我们,作为弟子应当像他一样坚忍,收起悲伤与眼泪,继承他的遗志,继续砥砺前行。

作为胡老师全程指导的最后一届弟子之一,我何其有幸,以自己平平的资历却可以得到他这样泰斗级大师的教导。作为学院的工作人员,在平时整理文稿、院史材料以及人物专访等事务中也有很多机会可以了解胡老师的突出贡献与高尚品格。而在与师门同学的交流过程中,特别是在追思会上听到大家的回忆,我更加了解到在胡老师低调朴实的外表下,有着一

---

[①] 李佩洁为胡乃武教授 2012 级博士生,现任中国人民大学经济学院党委副书记。

颗不凡的师者仁心。胡老师学富五车、著作等身,对国民经济学学科和宏观经济管理理论所做出的开创性贡献是常人无法企及的。作为他的弟子、一名平凡的教育工作者,我只能向胡老师学习如何做一位好老师,培养更多国家建设人才,为实现中华民族的伟大复兴贡献自己绵薄的力量。正如胡老师在专访中所说:"我到了人大以后,学习的目的非常明确,就是为建设祖国而学习;我热爱自己的专业,热爱教育事业,这一生献身于党的教育事业。"

胡老师真正做到了严于律己、宽以待人。这只是一句老生常谈的话,可真正要做到是何等艰难。世间上大多数人是反着来的,总认为自己已经很不错、这样就可以了,而对外界、对他人则有无尽的要求。可以说,这是一种做人的修为,是常人需要不断修炼自己的心性才可以达到的人生境界,胡老师却一直都是如此。他从来都生怕给别人或者给单位增添一点点麻烦,连对自己的学生说话都非常客气,但是学生需要他帮助的时候他总是不遗余力,甚至经常主动去给学生提供帮助。他自己写文章的时候要求很高,哪怕一个字、一个标点符号也要反复斟酌,改了又改,但是学生写的东西他却总是鼓励和夸赞。记得我刚工作时,一次采访他后写了一个材料给他审阅,他大为赞赏,说:"你的文笔相当不错啊。"我受宠若惊,自己是理科生,从来都羞于展示自己的文笔。随后他又问我中学在哪里读的,我说只是县里一个中学,应该是他没有听说过的。他也大加赞誉,说县里的老牌重点中学都有很好的学风和传承,能够给学生打下坚实的基础,等等。我时常觉得他对我的夸奖或许只是他鼓励后辈的方法,但胡老师一如既往的真诚,又让人忍不住地相信了他的这些鼓励,从而让自己更加自信与努力。在这个年轻人都吐槽"越来越内卷、纷纷要躺平"的时代,如果有更多青年学子能得到他这样的宽容与厚爱,那该是多么温暖的赋能。一位好老师,正如同肥沃的土壤和热烈的阳光,让年轻的种子充分吸收营养和能量、健康蓬勃成长。

在与胡老师近12年的交往中,我发现他对人的宽容厚道并不是普通人所想象的一种为人处世的技巧,他是发自内心地去发现别人的闪光点,而这正是他内心至纯至善的体现。当我们很多人抱怨自己性格浮躁、控制不

**2017 年 10 月 18 日胡老师和经济学院师生一起观看党的十九大开幕式**

住负面情绪的时候，其实要反思的并不是外在的性格，而是内在的修为，有没有总是把他人的感受放在第一位，有没有总是以最善意的眼神去看待外界和他人。胡老师的神情总是那么和蔼，目光总是那么温柔，真诚善良地去关心他身边的每个人。对他的前辈老师，他非常感恩，我注意到李震中老校长在过生日的时候他总是会第一时间送去祝福，还会带着他珍藏的好酒或者提前订好的生日蛋糕登门去给老师庆生，那时候李老师已经年逾九十，而他也是八十多岁的高龄老人了；对待同事，包括年轻教师甚至是刚入职的行政人员，他始终谦和有加，从不吝惜对别人的称赞和鼓励。他前几年开始练习书法，给学院不少老师都写了字帖，也时常来与我们分享他关于品茶和养生的心得，让大家心里感觉很温暖；对于后辈学生，他更是爱生如子，像老父亲一样无微不至地关心帮助大家，毕业了还始终牵挂着，学生成家了他还会继续关心学生的家属与孩子。我们要向他学习的，正是这种发自内心的善良与大爱。有了这个内涵作为基础，才可以始终润物细无声地去关爱他人。

胡老师是一个睿智的人，他教导学生有自己一套很好的方法。同门师兄师姐们回忆了他如何引导学生走上学术的道路，或者打下坚实的专业基础从而在各行各业都取得了不错的成绩。令我印象最深的就是他跟我讲要

胡老师 81 岁生日以及在办公室接待学生的日常照片

如何写作。他讲述了当初指导熊盛文写作本科毕业论文的过程：首先是他们在 20 世纪 80 年代初就关注到了环境保护与经济发展这个很有前瞻性的问题；随后他又安排熊师兄去环保一线岗位实习，为论文的写作获取大量一手数据；在最后的成稿写作中，他强调学生要自己修改到认为一个字都不能再改了再交给他。这一点让我至今印象深刻，以前总改不了急躁的毛病，经他这么一提醒，我不管是写文章，还是写工作材料，都要自己反复阅读，确认已经一个字都不用再改了才能交出去。

胡老师思维活跃，从不因循守旧，始终关注当前亟须研究解决的重大现实问题。在追思会上听吴晓求等胡老师的早期弟子讲到，当年胡老师作为国民经济计划专业的学者，却积极地、坚定地推动经济变革，开启了现代宏观经济管理理论研究的序幕。1979 年胡老师就在论文中提出了社会主义经济是商品经济，应当重视价值规律和市场的观点。胡老师于 20 世纪 80 年代编著的《中国宏观经济管理》一书就已经体现了基于市场经济精髓的宏观经济管理架构，奠定了我国宏观经济调控理论的基础。学院于 2006 年创办了中国宏观经济论坛，从一开始的季度论坛到后来的月度数据分析会，每期的选题都是当下的热点问题。胡老师即便年事已高，仍然能做到几乎每期都参加，并指导在读的学生们撰写宏观经济形势分析报告。

胡老师参加学生毕业典礼遇卫兴华老师合影

胡老师行走于明德广场

　　胡老师生活简朴，乐于奉献。这么多年，我们没见过他为自己买过新衣服，吃饭都是在食堂简餐或者自己熬点小米粥，各种物件设施都是反复循环使用，从不浪费。八十寿辰时他捐出 10 万元给学院用于资助贫困学生，说当年他们读书很艰难，多亏有国家资助，希望家境贫寒的学生能够没有负担地求学。去年春节他还在太原时，遇到新冠肺炎疫情导致武汉等地受灾严重，他还反复给我打电话，托我替他向党组织转交捐款、千万不要忘记。这些细节都体现出他对自己很严格很节俭、对后辈很慷慨大方、对人民充满了热爱的性格特点。

凤凰花开、骊歌四起，转眼又到了充满笑与泪的毕业季，我们即将送走 2021 届毕业生。看着同学们花样的笑颜、对母校的眷恋和对未来的期待，我为他们高兴却又很忧伤，因为我再也听不到来自胡老师的鼓励了。脑海里经常浮现胡老师善良慈祥的面容，他数十年如一日地爱护着年轻的学生们，用他高尚的人格修为、深厚的专业素养、开放的思维习惯、温暖的谆谆教导来培育浇灌着祖国的未来。和他相比，我做得还太不够，我要向胡老师学习，饱含专业心、敬业心、慈爱心去做一位好老师。我想，这应该也是他对我的期待。

**2021 年 3 月胡老师从太原返京后回家前在宜园楼下与亲属合影**

# [人大之子] 胡乃武：
# 甘为新中国经济学事业的孺子牛

胡乃武，山西文水人。著名经济学家，中国人民大学经济学院教授，中国人民大学首批一级教授。本文回顾了他的求学经历和从事经济理论领域教学科研的经历和感受。

胡乃武自述本次采访时间为2010年2月，由中国人民大学校史研究室负责采访、录音整理并结合胡乃武教授本人提供的材料进行编辑。本文收录于《求是园名家自述》。

## 早年的求学与工作经历

我是山西文水人，1934年生。7岁开始上小学，到抗日战争胜利那年读到小学四年级。1946年秋到了太原，进入太原市东缉虎营中心国民小学读高小。这所学校，是当时太原市较好的小学，老师精心教书，学生发奋读书，学习气氛很浓。我也不甘落后，每晚都学习到深夜，早晨天还未亮就到学校上自习去了。记得在冬天的清晨上学时，一路上还没有行人，只有稀疏昏暗的路灯相伴，偶尔也看到几个点着小灯捡煤核的人，大地仍被黑暗笼罩着。到了学校，校门还关着。敲门进去学习了一个多小时之后，大批同学才到校。由于这样勤奋学习，我的学习成绩在全班一直名列前茅。

在高小的学习生活中，有两件事给我留下了深刻的印象。一件是全太原市小学进行的一次作文竞赛。当时，太原市有40多所小学，每校从五、六年级学生中选拔5人参加竞赛（我是五年级学生），这样参赛者就有200多人。我在这次竞赛中取得了第五名的好成绩，获得了一套学生制服作为奖品。另一件事是入迷地学习数学。教我们数学的是温承泽老师，他课讲得好，又对学生的数学学习抓得很紧，经常印发课外数学练习题让我们做，渐渐地使我对数学产生了浓厚的兴趣。后来，所学的数学课本和老师印发的课外数学练习题已远远不能满足我的要求。于是，我找到一本线装书《鸡兔同笼100题》的数学四则运算难题来做。那时，我住在姨母家，姨父是太原铁路局的工程师，北京大学工学院毕业，数学造诣深，是我最好的数学家庭教师。每晚完成作业之后，全家人都睡了，只有我一人在隔壁房间挑灯苦读，专心致志地解那一道道难题。每题怎样去解，都要经过自己的独立思考，遇有困惑之处，就请姨父指点一下。这样，持之以恒，我终于把那本书中的100道数学四则运算难题全做了出来，并把演算过程工工整整地写在一个厚厚的练习本上。对这本数学难题的演算，不仅使我在数学四则运算方面打下了坚实的基础，而且提高了我的抽象思维和逻辑思维能力，使我养成了刻苦学习的良好习惯。1948年夏，当我高小毕业、报考太原市第一中学时，数学试卷的答题时间是两个小时，而我只用了不到一个小时就全部做对交卷了。发榜时，我名列榜首。也许别人以为我天资颇高，其实不尽然。天才在于勤奋，勤能补拙。

1948年秋，我的家乡山西晋中地区已经解放，太原市成为一座被我解放军包围的孤城，物价飞涨，民不聊生，根本不可能在这里继续读书，我很想回到解放了的家乡。但是，阎锡山死守太原这座孤城，对它控制得很严，无法从太原直接进入晋中解放区。这时，在北平成立了山西临时中学，并供给食宿。于是，我在亲友的接济下，于1948年8月由太原到了北平，进入山西临时中学。同年11月，我又随同亲友，取道北平和天津，通过国民党统治区的封锁线，历时半个多月，来到解放了的石家庄和晋中解放区，进入我党创办的山西省立祁县中学读书。这所中学是由晋中各县（榆次、太谷、祁县、平遥、汾阳、文水、交城和清徐等县）的原县立中学合并成立的，图书资料丰富，实验仪器齐全，师资力量雄厚，是当时山西省的重点中学之一。校长是老共产党员、曾任八路军随军记者的蔡力夫，教我们语文的是太原国民师范毕业的贾老师，教我们数学的是山西大学毕业的权之美老师，教我们化学的是山西大学毕业的刘老师，教我们物理的是大学毕业的兰稚夫老师，体育老师是北洋大学毕业的。总之，这所中学，政治气氛浓，师资水平高，敬业精神强。我能在这样一所中学读书，是很幸运的。由于我小学时期是全优生，语文和数学基础好，于是跳级插入初中二年级学习，并担任学习班长。那时，同学们学习刻苦钻研，相互间团结友爱，政治上要求进步。这个时期的学习生活，令我难以忘怀。我对各门课程的态度是：兼顾全面，突出重点。其重点，就是数理化，同时这也是我的爱好所在。在这三门课程的学习上，我的确下了不少功夫，自然也获得了这三门课程一直保持全优的成绩。当时，北平、天津、太原都还未解放，在我们党创办的这所学校的熏陶下，"为人民服务，无上光荣"这几个字，已深深铭刻在我心中。那么，自己将怎样为人民服务呢？回想起来，当时的理想已很明确，那就是像姨父那样，当一名工程师。因为新中国成立后，搞工业化建设需要大量的工程技术人员，而自己的数理化又比较好。我这个学工的愿望，就是同窗好友们看来也是很自然的，以至于后来我学了经济学之后，他们都感到始料未及。

新中国成立之初，国家缺乏干部。1950年底，山西省邮政管理局首次通过考试录用干部。于是我放弃了享受人民助学金继续升学的机会，在老校长蔡力夫的积极支持下，欣然报考了山西省邮政管理局。当时，山西省邮政管理局只招收50名干部，而报考者多达数百人，竞争是相当激烈的。考场就设在太原市侯家巷山西大学里，初试录取100名，复试再从这100名中录取50名。我在这两次考试中都是名列前13名，幸运地被录取了。

1951年2月10日，我前往山西省邮政管理局报到，参加了工作。在上岗前首先要经过三个月的业务培训和考察，大部分人被分配到县邮政局工作，留在山西省邮政管理局工作的仅有10多人，我是其中之一。当时，为适应工业化建设的需要，国家干部统一学习《联共（布）党史简明教程》第九至十二章。我担任山西省邮政管理局机关干部政治理论学习班的班长，每周去省政府大礼堂听取省政府副主席邓初民等专家、学者的报告，回机关后再向大家传达。那时，我们这批新参加工作的青年，勤奋工作，努力学习，积极向上，朝气蓬勃。我不仅担负着繁重的业务工作，而且兼任省局机关的青年团和工会的工作。为了做好本职工作，我虚心学习，刻苦地钻研业务，仅用了一年多的时间，就熟练地掌握了自己所承担的业务，成为全科的主办科员。记得我19岁那年，亲自编写了10万多字的业务培训讲义，为县邮政局局长培训班讲授业务知识。此外，我还经常深入各县邮政局检查工作，总结经验，经常为《山西邮电报》《中国邮电报》《人民邮电》撰稿，并被《太原日报》聘为特约撰稿人。经过几年的实际工作，我的兴趣发生了很大的变化，由原来爱好数理化转到爱好哲学社会科学上来。那时，我订阅有《学习》杂志等多种报刊，在工作之余，认真研读。

1952年，我们党领导全国人民顺利地完成了国民经济恢复工作，从1953年起开始执行国民经济第一个五年计划，进行大规模的经济建设。为适应国家大规模经济建设对专门人才的需要，中央要求高等院校扩大招生，但是那个时候高等院校生源缺乏。为了解决高等院校生源不足问题，国务院专门下发了文件，要求各个单位推荐优秀的在职青年报考大学。1955年，我所在单位——山西省邮政管理局推荐我报考大学。我填写了三个志愿：第一志愿是中国人民大学经济系；第二志愿是北京大学哲学系；第三志愿是北京邮电学院管理系（1955年北京邮电学院刚刚成立，而我又是在邮电部门工作）。

## 在中国人民大学读书与工作

中国人民大学是我党创办的新型的哲学社会科学综合性大学,也是高等教育部直属的重点大学,当时(直到"文化大革命"前),全国高等院校的排名顺序是:人、北、清、师,即人大、北大、清华、北师大。所以,人大的考生甚多,1955年中国人民大学是在全国高校统一招生前单独招收学生,平均每10名考生才录取1名,我以第一志愿被录取。当时,中国人民大学计划经济系设有两个专业:一个是国民经济计划专业,当年招收了五个班(每班30人);另一个是政治经济学专业,当年招收了两个班(每班30人)。我被编在国民经济计划专业第五班,任学习班长,并兼任五个班统一上课的大班班长。

在大学期间,我们的学习目的十分明确,那就是为建设祖国而学习,学习之刻苦真的是到了废寝忘食的程度。那时,除了上课,就是钻图书馆,电影、跳舞等娱乐活动几乎和我无缘,周末、礼拜天以至寒暑假都是在学习中度过的。四年的大学生活,收获最大的就是系统地学习了马克思主义理论,尤其是对政治经济学的学习下的功夫最多,理论素养有了较大的提高。

1959年8月大学毕业时,在我们国民经济计划专业应届毕业生(五个班约150人)中,四年内只发展了三名中共党员,我是其中之一。同时,系里从这五个班的应届毕业生中挑选了三名全优生免试保送攻读三年制国民经济计划专业研究生,我也有幸被推荐,并指定我担任研究生班(包括国民经济计划专业、统计专业和生产布局专业的研究生)的班长。

在攻读研究生期间,正处于三年困难时期,对学生来说基本上没有安排什么上山下乡活动,也没有搞什么政治运动,这就使我们专心致志地读了三年书。在这三年里,我认真研读了《资本论》等马克思主义政治经济学和哲学经典著作,如《〈政治经济学批判〉导言》《路德维希·费尔巴哈和德国古典哲学的终结》《反杜林论》等论著,这使我受益良多。而在专业方面,当时可读的书并不多。记得曾经精读过的颇有分量的论著主要有：科尔冈诺夫的《论国民收入》、克隆罗德的《社会主义制度下的社会产品及其构成》、索波里的《国民经济平衡表问题概论》和图列茨基的一些代表作，以及刘国光和董辅礽关于社会再生产和国民收入方面的一些论著。这些论著，无论在专业理论上还是在研究方法上，都使我受益匪浅。

在研究生期间，我各门课程的考试成绩均为优秀，并在广泛搜集中外资料和深入研究的基础上撰写了近五万字的研究生毕业论文——《论社会劳动力在农业部门与非农业部门之间的分配比例》。这篇论文比较深入地阐述了社会劳动力变动的规律性，指导教师刘宗时先生（时任国民经济计划教研室主任）评定成绩为优。

1963年研究生毕业后，我留在中国人民大学计划统计系国民经济计划教研室任助教。当时强调认真读书，把最好的教师配备到教学第一线给学生上课。我到计划统计系报到后，就投身到对全国计划干部进修班的教学活动中去。主讲教师是钟契夫先生，我则主要讲授马克思《资本论》第二卷中的社会再生产理论。在完成进修班的教学任务后，经系领导报请学校教务处特别批准，让我给本系的高年级学生讲授国民经济计划专业课。这对一个刚刚留校任教的青年教师来说，担子的确不轻。但我知道，这是系领导对自己的培养和信任，我毫不犹豫地挑起了这副重担。为了把课讲好，我天天备课到凌晨两三点钟，如此坚持了一年之久就被随之而来的"四清"运动和"文化大革命"中断了。

## "五七"干校和"文化大革命"中的其他经历

"文化大革命"进行到1969年的11月，中国人民大学在江西省余江县刘家站建立了"五七"干校。我是第一批被下放到"五七"干校的。初下去时，我任四连一排三班的副班长，负责果树管理。工经系的王志忠老师任四连连长，计统系的吴景山老师任副连长，工经系的李志坚老师任一排排长，农经系的周志祥老师任一排副排长。也许是连排的领导们看到我劳动表现好，不久就把我提升为班长，接着又提升为一排副排长，带领着果树、种菜和养猪三个班。事实证明，无论是种菜、养猪，还是果树管理，我们这些知识分子都干得很好。就拿种菜来说，我们所种的各种蔬菜，包括黄瓜、空心菜、辣椒等等，供应我们全连一百多人吃菜绰绰有余。例如，我们只种了二分地的黄瓜，产量就高达两千多斤。

人大"五七"干校初创时期，生活条件和劳动条件都十分艰苦。当时，我心里很清楚，把广大知识分子通通下放到农村"五七"干校，就是要对所谓的"老九"们进行劳动改造。但我作为一名出身农村、由党一手培养起来的知识分子，并不把自己看成是资产阶级知识分子。我要在"五七"干校的劳动中为知识分子争口气，做一个有知识、会干农活、能吃苦耐劳的新一代"农民"。于是，我积极主动地学做各种农活，在战天斗地的劳动中自觉地吃大苦、耐大劳，不怕脏、不怕累，不怕烈日暴晒和风吹雨打，以此来磨炼自己。例如，在早春二月，凌晨四点钟就起床，背着竹篓，伴着丝丝冷风，淋着毛毛细雨，穿着硬邦邦的塑料雨衣，佝偻着背，在茶树丛中采茶；夏日在50℃的高温下，挑着100多斤重的粪桶，在菜地里施肥；经常冒着大雨，拉着平板车，奔驰在丘陵起伏、泥泞难行的路上；整天背着刺鼻的波尔多液给果树喷药；在秋天的夜里，在田间被成群的蚊子叮咬着，踏着轰鸣的脱粒机进行水稻脱粒，脱粒之后，挑着装有150斤稻谷的箩筐，沿着羊肠小道送到仓库。我这样自觉地吃大苦、耐大劳，以苦为荣、以苦为乐来锻炼自己，反而使我身在苦中不知苦了。在"五七"干校一年多的劳动，使我的身体健壮了起来，彻底治好了我多年不愈的失眠顽症，更主要的是培养了我能吃大苦、耐大劳的品质。这可以说是我在"五七"干校所取得的终身受益的重要收获。从这个意义上说，我去"五七"干校没有白去。

1971年1月，我于中国人民大学宣布停办之后，从江西余江"五七"干校被分配到清华大学任教。当时，清华的广大教师还都在江西鲤鱼洲"五七"干校劳动，校园里没有多少人，显得很寂静。起先把我分配到校机械厂的一个加工车间，从事计划调度工作。校机械厂工宣队的一位负责人对我说："之所以让你做这个工作，是因为考虑到你学的是计划专业。"我说："我学的是国民经济计划专业，与车间的零部件加工调配计划是两回事。"他又说："现在，能有个工作做就不错了，还讲什么专业对口不对口?!"我觉得他说的也对。当时,教育部原部长蒋南翔还在清华铸工车间劳动。于是,我安下心来,把在车间工作当作我"学工"的好机会。我拜车间的师傅们为师,虚心地向他们学习车工活,深入了解车、铣、刨、磨、钳等加工程序和加工特点。师傅们对我很好,我从他们身上学到了不少优秀品质。

在加工车间工作一年之后,我还是向机械厂的领导提出了调动工作的申请。1972年初,我从机械厂调到清华大学政治课政治经济学教研室从事政治经济学的教学工作。

1973年3月,为解决当时北京市18所高等院校公共政治课缺乏教材的问题,北京市委大学部从北大、清华、北师大、北师院、北航、钢院和北医等院校抽调了一些骨干教师组成编书组,编写北京市高等院校公共政治课用哲学、政治经济学和中共党史教材,并任命我为三门课教材编书组副组长兼政治经济学教材编书组副组长。为了把政治经济学教材编写好,我们用了两个月的时间去全国各地的主要高等院校进行调查研究,吸收兄弟院校所编教材的长处,认真编写教材大纲。在统纂书稿时,两三人坐在一起,字斟句酌,一丝不苟,先后用了一年多时间,就把上述三门课的教材编写了出来。

编书组单独成立了党支部,先后住在北大附中和北京市委党校。在那里,我们认真读书,调查研究,相互切磋,通力合作,大家感到收获颇大。在当时"四人帮"横行的年月里,我们这个编书组是一个难得的"世外桃源",我们可以借编书而不去参加政治运动,精神上比较放松。

1975年9月,在完成北京市高等院校公共政治课用政治经济学教材的编写任务后,我回到了清华大学,担任了政治课教师进修班的主讲教师,主要讲授马克思主义政治经济学原著选读,如马克思的《〈政治经济学批判〉导言》《〈政治经济学批判〉序言》《雇佣劳动与资本》《工资、价格和利润》《哥达纲领批判》以及恩格斯的《反杜林论》中的政治经济学篇。此外,还系统地讲授了列宁的《共产主义运动中的"左派"幼稚病》等经典著作。为了准确地阐述这些论著的基本内容,首先我自己必须认真地研读这些著作,并详细地写出讲稿。在课程进行过程中,还安排了两次社会调查：一次是去天津四新纱厂，围绕资本家对剩余价值的榨取问题进行资料搜集和深入的调查研究；另一次是去河北遵化县进行关于"五小"工业的调查，每位同学都要运用所学的理论，在调查研究的基础上写出调查报告和学习心得。这种理论联系实际的学习方式，无论对教师还是对学生都收获很大。

1976年10月粉碎"四人帮"后，为了推动我国的改革开放事业，加快经济发展，实现中华民族的伟大复兴，按照邓小平同志的指示，国务院政研室成立了四个专门小组，即理论与方法组、经济结构组、农业经济组和工业经济组。其中，理论与方法组由于光远任组长，董辅礽任副组长，我是该组的主要成员。我积极地参加了该组的各项活动，其中主要有以下几项：第一，连续多年召开全国按劳分配理论研讨会，深入批判"四人帮"在按劳分配理论上的种种谬论。在第一次按劳分配理论研讨会上，我提交了题为《按劳分配决不会产生资产阶级》的论文，并被于光远同志指定在大会上发言，受到与会者的一致好评。论文在社会上引起了很大反响，并被许多报刊书籍转载。第二，开展社会主义生产目的的大讨论。在这次大讨论中，我提交了两篇文章：一篇是《试论社会主义社会的消费》，另一篇是《按最终产品组织综合平衡》。这两篇论文从再生产理论的高度阐述了社会主义生产必须以满足人民群众物质和文化生活的需要为目的，以及"跟满足社会需要脱节的生产是会衰退和灭亡的"这一真理，深入批判了"四人帮"所谓的"唯生产力论"。我撰文指出："社会主义要战胜资本主义，就必须创造出比资本主义更高的社会生产力。因此，无产阶级取得政权之后，最根本的任务就是要大力发展社会生产力。"第三，在无锡召开了关于价值规律作用问题的讨论会。在这次会上，我提交了题为《计划和市场相结合是我国经济管理改革的基本途径》的论文，比较早地提出了"社会主义经济是商品经济，应当重视价值规律和市场"的观点。第四，连续多年在人民大会堂召开全国性的经济发展战略双月座谈会。在这个基础上，于光远组织编写了《社会主义经济建设常识》一至六册，我撰写了本书的第4章"社会主义制度下的社会公共经济生活。社会公共财产。社会主义国家和其它社会主义组织在社会经济生活中的作用"。第五，受教育部政教司委托、由于光远组织编写、供全国高等院校公共课使用的政治经济学教材《中国社会主义经济问题》，我作为主要成员参加了该书的撰写、修改和统撰以及再版修订工作。该书由人民出版社 1979 年初版，1982 年修订再版，发行了 1 000 多万册，获得全国出版单位优秀著作奖。

## 复校后，争分夺秒地工作

1978 年，按照中央的决定，恢复了中国人民大学。于是我从清华大学回到母校任教。为了把过去因政治运动而耽误的时间抢回来，我和广大教师一样，争分夺秒地工作。改革开放三十多年来，我在教学、科研和人才培养方面所做的工作可以概括如下：

在教学方面，我为国民经济计划专业的本科生、进修生以及全校的硕士研究生和博士研究生开设了"国民经济管理学""经济杠杆导论""社会主义经济增长理论""马克思主义再生产理论""政治经济学""中国社会主义经济问题""马克思主义与当代社会思潮""博士研究生主文献"等课程。此外，我还连续多年为中央党校举办的全国省市计委主任研究班、全国省市统计局局长研究班以及中央部委举办的培训班讲授"中国宏观经济管理"课程，为解放军总政、总参、总后、二炮和原北京军区的师军级干部学习班讲授中国社会主义经济问题，还经常应邀到全国各地高等院校、政府部门和科研单位讲学。20 世纪八九十年代，我教学任务繁重，每学年都大大超过教育部规定的教学工作量。特别是在 1982—1992 年的 10 年中，平均每年完成的教学工作量多达两千多学时，相当于国家教委规定的年教学工作量的两倍。最多的时候，每周为本科生、研究生和进修生授课多达 18 学时。为了把课讲好，我认真备课，写出详细讲稿，经常备课到深夜，有时是通宵达旦，节假日也从不休息。由于我教学态度认真，教学内容新颖、充实，逻辑性强，理论联系实际，能够反映经济学研究的新动态和新成果，因而受到听课者的一致好评，课堂总是爆满。基于我在教学工作中的这些成绩，1987 年获得中国人民大学 1983—1986 年优秀教学成果一等奖，1993 年和 1997 年又获得北京市优秀教学成果一等奖。

我认为，作为大学教师，不仅要认真做好教学工作，而且应当十分重视科学研究，力争使自己始终站在本专业领域的学术前沿，用科研成果丰富课堂教学内容。因此，我坚持多读书、多思考、多写作。

1977年以来，我在《人民日报》《光明日报》《中国社会科学》《经济研究》《新华文摘》等报刊上发表学术论文300余篇，出版学术专著（包括合著）30余本，主持国家级重大项目、重点项目以及省部级项目10余个。其中，主要研究成果有：《胡乃武选集》（山西经济出版社1995年出版）、《中国社会主义经济问题》（人民出版社1979年出版，1982年再版）、《计划经济学》（中国人民大学出版社1983年出版，1985年再版）、《经济杠杆导论》（光明日报出版社1985年出版）、《模式·运行·调控》（中国人民大学出版社1987年出版）、《现实的抉择》（中国人民大学出版社1988年出版）、《中国宏观经济管理》（中国人民大学出版社1989年出版）、《经营管理大系·基础经济知识卷》（上海人民出版社1990年出版）、《国外经济增长理论比较研究》（中国人民大学出版社1990年出版）、《马克思主义经济理论全书（理论篇）》（吉林人民出版社1992年出版）、《当代中国经济发展中的政策选择》（浙江人民出版社1993年出版）、《国民经济宏观管理问题研究》（北京大学出版社1993年出版）、《中国经济非均衡发展问题研究》（山西高校联合出版社1994年出版）、《国民经济管理学》（中国人民大学出版社2007年出版）、《社会主义和谐社会利益关系研究》（中国人民大学出版社2010年出版）、《论适度积累率》（《经济理论与经济管理》1981年第2期）、《马克思的外延与内涵扩大再生产理论同我国的社会主义现代化建设》（见《〈资本论〉与社会主义经济》，人民出版社1983年出版）、"Disparities in Regional Development and Macro-Economic Management in China"［《中国社会科学》（英文版）1996年第4期］、《转变经济增长方式与增加就业的关系》（《新华文摘》2001年第7期）等。

我的主要学术贡献可以概括为如下几个方面：第一，早在1979年我国改革开放之初，我在一篇题为《计划和市场相结合是我国经济管理改革的基本途径》（《经济研究》1979年第7期）的论文中，就提出了社会主义经济是商品经济，应当重视价值规律和市场的观点。第二，1980年，在一篇题为《社会主义国家所有制和企业自负盈亏》(《社会科学辑刊》1980年第4期)的论文中,提出国有企业的生产资料所有权是可以同生产资料的使用权、支配权以及经营权相分离的,应当让国有企业"自主经营、自负盈亏"的主张。第三,1985年,在《经济杠杆导论》一书中,对经济杠杆的内涵做了科学的界定,揭示了经济杠杆的基本特征(即它具有物质利益性、价值形式性和国家可控性),阐述了价格杠杆、信贷杠杆和税收杠杆的调节功能。第四,1986年,在国家体改委委托的关于党的十三大背景材料的研究报告——《关于改革与建设的几个问题》中,提出应将社会主义初级阶段的理论作为党的十三大报告的重要内容。第五,1989年,在《中国宏观经济管理》一书中首次提出社会主义市场经济条件下的宏观经济管理应包括总量管理(需求管理)、结构管理(供给管理)、平衡管理三条主线,以及经济运行、宏观调控、经济增长与发展等主要过程,由此形成中国宏观经济管理学的一套理论体系,受到同行专家的好评。第六,在宏观经济管理方面,提出宏观调控体系是由中央的计划、财政和金融三大部门,以及计划手段、经济手段、法律手段和行政手段组成的。其中,计划手段为经济发展和结构优化升级指明了方向,起着导向的作用,是其他手段所不能取代的;经济手段是通过经济利益的调节来诱导企业实现国家计划目标,因而是市场经济条件下宏观调控的基本手段;法律手段具有强制性和相对稳定性,也是市场经济条件下宏观调控的基本手段;行政手段的调节主要是着眼于国家的整体利益和长远利益,而忽视被调节者的局部利益,这是与企业的商品生产者地位相矛盾的。因此,在市场经济条件下进行宏观经济管理,应当把对行政手段的运用限制在最必要的范围之内,而不能滥用。总的来说,这四种调节手段各有所长,也各有所短,由这四种手段所组成的宏观调控体系能够取长补短,有效地调节宏观经济的运行。第七,1987年,发表了《社会主义经济增长理论初探》(《中国人民大学学报》1987年第1期)一文。在这篇论文里,阐述了社会主义经济增长的类型和特征,揭示了社会总产值、工农业总产值、国民收入、盈利之间增长速度对比关系的规律性,探讨了提高经济增长质量和效益的基本途径。第八,1983年,我在《计划经济学》这本新编的教材中,设专章论述了国民经济中的经济效益问题，分析了社会主义经济效益的实质，构建了衡量宏观经济效益的指标体系。这一指标体系包括：消费基金率、社会生产效益、社会积累效益、建设周期、资金盈利率、基金产出率、流动基金占有率、能源利用效益等，它们可以从生产、建设、经营管理和人民生活等方面综合反映国民经济效益状况，构成一个宏观经济效益指标体系。第九，1981年，在《论适度积累率》（《经济理论与经济管理》1981年第2期）这篇论文中，阐述了适度积累的内涵，强调了保持适度积累率相对稳定性的重要意义，提出了确定适度积累率的三个公式：

$$A < N - S(1+S') \cdot P(1+P') \tag{1}$$

$$A = \mathrm{I}(v+m) - \mathrm{II} c/r_1 \tag{2}$$

$$A = \mathrm{II}(c+m-m/x) - \mathrm{I}(v+m/x)/r_2 \tag{3}$$

在上述公式中，$A$为适度积累量；$N$为国民收入总额；$S$为报告期按人口平均的消费额；$S'$为计划期城乡居民消费水平提高速度；$P$为报告期人口总数；$P'$为计划期人口自然增长率；$r_1$为生产资料积累占积累总额的比重；$r_2$为消费资料积累占积累总额的比重。

第十，1993年，在《马克思的外延与内涵扩大再生产理论同我国的社会主义现代化建设》一文中，对"外延与内涵扩大再生产"这一范畴进行了科学的界定，论述了这两种类型的扩大再生产在社会主义建设中的地位、作用和重要意义。

在人才培养方面，自1986年指导第一批博士生至今，我共培养博士生（包括博士后）60余人。现在，他们有的已是省部级干部，有的是高等院校的教授、博士生导师，有的是商界精英。他们之中，比较突出的有：国务院副秘书长张勇，国务院研究室副主任宁吉喆，江西省副省长熊盛文，安徽省政府副秘书长韦伟，上海市人民政府发展研究中心主任周振华，山西省交通厅厅长王晓林，中国银行业协会专职副会长杨再平；中国人民大学校长助理、研究生院常务副院长吴晓求，中国人民大学经济学院院长杨瑞龙，中国人民大学统计学院院长赵彦云，中央财经大学政府管理学院院长赵景华；摩根士丹利大中华区首席经济学家王庆，中国银河投资管理有限公司董事长许国平，中国金融出版社总编辑魏革军，中国航空工业集团投资公司副总经理郭柏春，中粮生化科技有限公司董事长宗国富，中国东方电气集团公司副总经理温枢刚，中国水利水电建设集团公司副总经理黄保东。

改革开放三十多年来，我获得国家级与省部级奖共20余项。其中主要有：1986年，由中共中央组织部、国家人事部、国家教委和国家科委四部委授予"国家级有突出贡献中青年专家"称号；1989年，我参与制定的《1988—1995年中国经济体制改革规划》获第二届孙冶方经济科学论文奖；1991年，获北京市德育先进工作者称号；从1992年起享受国务院政府特殊津贴；1992年，我主编的《中国宏观经济管理》一书获第二届全国普通高等学校优秀教材奖二等奖；1993年，《面向社会需要，调整教学与科研方向》获北京市普通高等学校优秀教学成果一等奖；1994年，我主编的《当代中国经济发展中的政策选择》获北京市第三届哲学社会科学优秀科研成果一等奖；1996年，我主编的《中国经济非均衡发展问题研究》获北京市第四届哲学社会科学优秀科研成果一等奖；1997年，《努力培养政治合格、专业过硬、适应时代需要的经济人才》获北京市普通高校优秀教学成果一等奖；2003年，获北京市教育创新标兵称号；2007年，荣获第四届"十大中华经济英才"特别奖；2009年4月，被评聘为中国人民大学首批一级教授。

## 人物简介

胡乃武，山西省文水县人。中共党员，教授，经济学家。

胡乃武1951年参加革命工作，1955年考入中国人民大学计划经济系读本科，1959年攻读中国人民大学国民经济计划专业研究生，1963年研究生毕业后留校任教于国民经济计划教研室。1971年1月—1978年5月因人民大学停办被分配到清华大学政治经济学教研室任教。1973—1975年，任北京市高等院校公共政治课（包括哲学、政治经济学、中共党史）教材编书组副组长，兼政治经济学教材编书组副组长。1978年5月中国人民大学复校后又回到计划经济系任教，1983年被破格晋升为副教授，1985年被破格晋升为教授，1986年被国务院学位委员会批准为博士生导师（全国第三批），并荣获"国家级有突出贡献中青年专家"称号，从1992年起享受国务院政府特殊津贴。2009年被聘为中国人民大学首批一级教授。现任中国人民大学经济学院一级教授、博士生导师、校务委员、校学位评定委员会委员兼应用经济学分委员会主席，校教代会副主席，北京市经济学总会副会长，兼任山东大学、北京交通大学、安徽大学、河北大学、山西大学等十余所高等院校和科研机构的客座教授与研究员。曾任中国人民大学经济学研究所所长，校学术委员会副主任，《经济理论与经济管理》副总编，北京市哲学社会科学评奖委员会经济学组组长等。从教近50年来，严谨治学，教书育人，先后培养博士生（包括博士后）60余人。主要研究方向为国民经济管理、经济体制改革与经济发展、社会主义经济理论。

# 三尺讲坛天下事

## ——人大举办胡乃武教授从教五十周年学术研讨会

2013年5月8日上午,胡乃武教授从教五十周年暨八十寿辰学术研讨会在中国人民大学逸夫会堂举行。

研讨会上,胡乃武教授捐资十万元人民币设立"胡乃武助学金",用于资助经济学院贫困本科学生完成学业。

北京大学社会科学部主任、光华管理学院名誉院长厉以宁,江西省原副省长、江西省政府顾问熊盛文,中国社会科学院经济研究所原所长张卓元,北京大学副校长刘伟,北京大学经济学院教授张友仁,清华大学经管学院企业战略与政策系主任魏杰,清华大学经管学院中国与世界经济研究

# 三尺讲坛天下事——人大举办胡乃武教授从教五十周年学术研讨会

图为胡老师向经济学院捐赠设立助学金

中心主任李稻葵，中央财经大学原校长王柯敬，辽宁大学校长黄泰岩，首都经贸大学原校长文魁等50余位专家学者和高校、科研机构、政府部门负责人以及胡乃武教授培养的历届学生约90人出席了研讨会。

中国人民大学校长陈雨露，荣誉一级教授卫兴华、胡钧，一级教授陈先达、吴易风，原副校长李震中、杜厚文，财政金融系原系主任韩英杰，常务副校长冯惠玲、党委副书记马俊杰、副校长刘向兵等出席致贺。

中国人民大学原党委书记程天权题写书法贺词"新思新想，老而弥坚"赠送胡乃武教授。福建省委书记、中国人民大学校友尤权，国家食品药品监督管理总局局长、中国人民大学校友张勇，中国社会科学院工业经济研究所原所长、学部委员周叔莲，东中西部区域发展和改革研究院等致信祝贺。

陈雨露校长在致辞中表示，胡乃武教授从教50年来为中国经济学教育事业和中国人民大学建设发展做出了重要贡献。他忠于党的教育事业，治学严谨、富于开创精神，淡泊名利、潜心钻研，道德文章堪为师表，至今仍然奋斗在教书育人和学术研究的第一线，为中青年学者树立了表率。习近平总书记在"五四"青年节重要讲话中阐述了青年为实现中国梦所肩负的历史责任，中国人民大学作为中国共产党亲手创办的第一所新型正规大学，理应在实现"中国梦"的过程中发挥积极作用。相信以胡乃武教授为代表的人大经济学人，一定能够矢志不渝、锲而不舍、脚踏实地、勇于创新，为实现国家富强、民族振兴、人民幸福的中国梦而奋斗。

胡乃武教授是我国国民经济管理领域著名学者，也是中国人民大学最重要的经济学家之一，在宏观经济学理论研究领域具有重要影响力。他忠诚于党的教育事业，胸怀崇高学术理想，学术成就卓著；关爱学生，提携后进，桃李满天下；作风低调，为人务实、勤勉、诚恳、包容，堪为后学楷模。

研讨会由中国人民大学经济学院院长杨瑞龙主持，厉以宁、张卓元、张友仁、熊盛文、李稻葵、卫兴华、胡钧、陈先达、李震中、杜厚文、韩英杰，以及北京大学副校长刘伟，山西省交通厅原厅长、交通运输部专家咨询委员会委员王晓林，中央财经大学原校长王柯敬，中央财经大学教授、经济学院原系主任侯荣华，北京师范大学经济系原系主任程树礼，北京大学经济学院原系主任陈德华，中国社会科学院经济研究所研究员、北京天则经济研究所学术委员会主席张曙光等陆续发言，为胡乃武教授八十寿辰送上祝福，高度评价了胡乃武教授几十年如一日服务教育事业的奉献精神，对胡乃武教授治学为人之道表示钦佩与赞赏，就胡乃武教授的学术思想与教学实践做了交流讨论。

熊盛文校友在致辞中回顾了师从胡乃武教授的感佩之情，认为桃李满园、著作等身是胡乃武教授八十年精彩人生的最大骄傲。李稻葵教授回忆了在清华大学攻读本科时邀请胡乃武教授讲授国民经济管理课程的往事。他表示，胡乃武教授是清华经济管理学院第一批本科生的启蒙老师，在立德、求学方面对自己产生了深远影响。

中国人民大学校长助理、研究生院常务副院长吴晓求和中国银行业协会常务副会长杨再平教授作为学生代表发言，表达了对胡乃武教授的感恩之情，并祝福胡乃武教授健康长寿、永葆学术青春。

胡乃武教授回顾了自幼接受革命教育，参加经济建设工作，以及在中国人民大学接受高等教育、留校任教的经历，深情且充满感悟地说："党和人民大学培养了我，没有共产党、没有人民大学就没有我的今天。"他表示，自参加工作以来，自己62年如一日兢兢业业工作，如今虽然年入八旬，仍将竭力做好教学科研工作，尽己所能为高等教育事业和中国人民大学的发展建设做出贡献，以不辜负党和学校的培养。

国务院研究室副主任宁吉喆、中国社科院副院长李扬、南京大学党委书记洪银兴等出席了当日举办的其他庆祝活动，他们都以各自的方式对胡乃武教授表示了祝福和敬意。

## 新闻背景

胡乃武，1934年5月生，山西文水人。1951年2月参加工作，1959年中国人民大学国民经济计划专业本科毕业，1963年中国人民大学研究生毕业后留校任教。中国人民大学经济学院首批一级教授、博士生导师、校务委员、校学位评定委员会委员兼应用经济学分委员会主席，北京市经济学总会副会长。自1992年起享受国务院政府特殊津贴。曾任中国人民大学经济学研究所所长，校学术委员会副主任，《经济理论与经济管理》副总编，北京市哲学社会科学评奖委员会经济学组组长等。改革开放以来，主持多个国家社会科学基金重大和重点科研项目，出版专著（包括合著）30余本，发表学术论文300余篇。获省部级以上科研与教学奖20多项。1986年被授予"国家级有突出贡献中青年专家"称号。

# 追思随笔和挽联

## 随 笔

惊悉我国著名经济学家胡乃武教授于2021年6月9日逝世,我们无法掩饰内心极度的震惊,悲痛之余,万分后悔。一月前,胡先生过生日,我给先生发了短信祝贺,尚未及去电慰问,先生就已离我们而去。我再也没有机会亲耳聆听先生的谆谆教诲了。

2002年,我组建研究院,邀请董辅礽教授和胡乃武教授共任学术委员会主任。之后,胡老师又连续担任了第二届学术委员会主任、第三届学术委员会顾问。十九年来,感悟先生的人生态度、学术思想和事业追求。

在我的心目中,胡先生是我们这个时代中国伟大的经济学家,大师辞世,毫无疑问是经济学界、教育界乃至国家的重大损失。他最大的贡献,在于为过去70年新中国经济和社会发展找到了理论基础。如果没有先生等老一辈经济学家的贡献和努力,我们今天的生活也许不是这个样子。

胡先生的学术品质、学术思想永远都是我们学习的榜样,他留下的等身著作,一定会继续影响着新时代的中青年学者不断探索前行。

大师风范,山高水长。胡乃武先生永远活在我们心中!【于今】

沉痛悼念恩师胡乃武先生!心中无比悲痛。永远铭记胡老师的教导!先生千古!【吴晓求】

昨晚梦见了胡老师,音容笑貌仿佛就在眼前。重传在太原看望胡老师的照片,愿胡老师在天堂一切安好。【杨瑞龙】

总以为,今后还有很多时间,可以探望老师,聆听老师教诲。突然间,

时间永驻，才知道不再有以后，只有想念的痛楚。愿老师安息！【张永生】

　　昨晚上在火车上想了一夜。想想回家定要好好看看老师的文集。幸好当年买了一套留作纪念。老师八十岁生日那天，气定神闲，跟在场的所有学生侃侃而谈养生健身之道。我当场流泪。因为当时我的爸爸正重病缠身，比胡老师年轻十多岁，身体却比胡老师羸弱百倍。我多么盼望爸爸的身体像胡老师一样健康，能像胡老师那样乐观豁达，长命百岁，怡享天年。现在先生已乘仙鹤去，今天我正好回长沙看望爸爸，他虽一直病着，却比胡老师经得熬，爸爸是更坚强的爸爸。我更盼望早点见到他。见到了他，也聊寄我对老师的思念。愿老师在回家路上，还像我们从前看到的他一样，健谈，乐观，热爱生活。他永远活在我们心中。【罗丹阳】

　　"我在这次竞赛中取得了第五名的好成绩，获得了一套学生制服作为奖品。……我找到一本线装书《鸡兔同笼100题》的数学四则运算难题来做。"读到学校追思文中的这些片段，不禁想起老师在办公室和我聊起自己童年经历的场景，想起老师逐字逐句给我修改论文的场景，想起我们一起聊各地茗品的场景，一幕一幕，音容笑貌，历历在目……我的导师，论做人、论为师，皆为典范，再多溢美之词也不为过。我想，也许学校的那句评价最为贴切：他的离去，既是中国人民大学的重大损失，也是中国经济学界的重大损失。当然，更是我们师门的重大损失！师恩不忘，长歌当哭，愿老师一路走好！【周帅】

　　以前胡老师在办公室，虽然我们楼上楼下经常见，但是碰到了他还要请我喝他泡的各种茶，还写了一篇论茶的散文。他泡的茶确实比我自己的好喝太多！他是多么坚强乐观，热爱生活，特别喜欢学生去跟他聊天。可能胡老师还是累了，想休息了。愿胡老师安息！【李佩洁】

　　惊悉恩师辞世，弟子悲痛万分，本应进京送胡老师一程，无奈小儿缠身，无法成行，只能拜托各位同门代为表示我对胡老师的哀悼！【唐婧】

## 部分挽联悼词

　　恩师如父，终生不忘。桃李满园，风范永存。【余琦　胡逸群　卢钊

褚玉萌　邢少雄】

　　慈颜已逝，风木与悲。教诲铭记，松柏常青。【李文庆　于泳】

　　学界泰斗著作等身立丰碑，人生导师桃李不言育英才。【朱振　仲武冠】

　　恩师松柏风范，师恩永记心间。【周帅　沈洁】

　　大师精神千秋弘扬，学高为范万古流芳。【孙飞　蔡亚蓉　唐震斌】

　　恩师驾鹤西归去，师德学养永垂范。【王之泉　范炳龙】

　　卅年教诲犹在耳，亲炙弟子哭恩师。【1979级国民经济计划班全体同学】

　　经世济民躬耕一生著作等身名垂千古，教书育人孜孜不倦桃李芬芳高德永存。【方瑞增　杨宝华】

　　严谨学风朴实作风先生品格点点记心，平易近人和蔼待人恩师音容历历在目。【温枢刚　许国平　黄隽　王彤】

　　桃李不言惠泽三山五岳，山高水长尽现大师风范。【桂华　姜玲　孙稳存　刘睿　王红梅】

　　学之大者，为国为民；先生德行，山高水长。【余康　李佩洁　许嘉和】

　　投身革命奉献教育勤恳一辈子，研究马列教书育人桃李满天下。【王文松携经济所八六硕研全体】

# 泪别荣誉一级教授胡乃武先生

中国共产党优秀党员，我国杰出的经济学家、教育家，新中国国民经济学学科开拓者和带头人，国务院政府特殊津贴专家，中国人民大学荣誉一级教授、博士生导师、中国人民大学经济学研究所所长胡乃武教授，于2021年6月9日23时20分在北京逝世，享年87岁。

胡乃武教授不幸逝世的消息传出后，中共中央书记处书记、中央统战部部长尤权，国家发展和改革委员会党组成员、副主任宁吉喆，国家发展和改革委员会副主任张勇等发来唁电，向胡乃武教授逝世致以深切哀悼，对其家属表达诚挚慰问。北京大学、北京师范大学、中央民族大学、南开大学、天津大学、南京大学、中国社会科学院大学、中央财经大学、山西大学、辽宁大学、中南财经政法大学、西安电子科技大学、江西财经大学、曲阜师范大学、董辅礽基金会等全国多家单位发来唁电，向胡乃武教授逝世致以深切哀悼。胡乃武教授学生、学界同仁及社会各界人士纷纷发来唁电信函，敬献花圈深切缅怀胡乃武先生。

国家发展和改革委员会党组成员、副主任宁吉喆，国家发展和改革委员会副主任张勇，中国人民大学党委书记靳诺，中国人民大学校长刘伟等学校领导，胡乃武教授生前学生、学界同仁及社会各界人士参加了胡乃武教授的遗体告别仪式。

在八宝山革命公墓兰厅门前，气氛凝重，大家默默追忆胡乃武教授的辉煌一生和崇高品格，佩戴白花，缓步送胡乃武教授最后一程。告别室内摆满了花圈和挽联，寄托了对胡乃武教授的无尽哀思。在低缓的哀乐声中，各界人士缓缓走到胡乃武教授遗体前三鞠躬。

6月15日上午10时，"荣誉一级教授胡乃武追思会"在中国人民大学明德主楼正式开始。中国人民大学副校长刘元春教授、中国人民大学原副校长吴晓求教授、中国人民大学一级教授杨瑞龙教授以及胡乃武教授学生、学界同仁及社会各界人士等五十余名代表参加了追思会。

追思会第一单元由经济学院党委书记兼院长刘守英教授主持。刘守英教授表达了对胡乃武教授的沉痛哀悼和深切思念,他表示胡乃武教授的逝世既是中国人民大学的重大损失,也是中国经济学界的重大损失。

会议开始后,全体与会人员为胡乃武教授默哀一分钟,并播放胡乃武教授专访视频。吴晓求教授、刘元春教授在此单元表达了对胡乃武教授的追思。

吴晓求教授追忆了胡乃武教授为马克思主义经济学教育研究事业砥砺奋斗的一生。胡乃武教授是中国共产党优秀党员，是杰出的教育家，是新中国国民经济学学科的开拓者和带头人。胡乃武教授敏锐地感觉到，中国的改革开放是未来的大势所趋，走社会主义市场经济的道路是中国社会不可逆转的。他于1979年在《经济研究》上发表的论文，以及后来由他主持、主编，作为主要撰稿人的在宏观经济管理领域里具有里程碑意义的著作，都充分体现了市场经济的精髓，为未来的宏观经济调控奠定了理论基础。胡乃武教授是国民经济学学科的重要奠基人和开拓者，为我们国家经济学的发展，特别是国民经济管理学的发展做出了巨大的贡献。

刘元春教授回顾了胡乃武教授为人民大学教育事业所做出的贡献,将胡乃武教授称作经济学界的"大先生"。胡乃武教授以其创新性的教育理念、包容性的胸怀,培养出了一代杰出的社会主义接班人。此外,胡乃武教授治学报国,作为整个国民经济学学科的开拓者、奠基人,以及人民大学经济学科的主要建设者,时刻心系国家发展的重大战略。

追思会第二单元由胡乃武教授1987级博士生、中国人民大学一级教授杨瑞龙教授主持。胡乃武教授的杰出学生代表依次发言,深情讲述与胡乃武教授生前的交往片段,表达对胡乃武教授的沉痛哀思和深切怀念。

江西省前副省长、1979级国民经济计划班班长熊盛文表达了他对胡乃武教授的沉痛哀悼和深切怀念，追忆胡教授教书育人的点滴往事，并对胡教授举贤荐能、泽被后学的崇高人格致以敬意。他表示1979级国民经济计划班是胡乃武老师唯一当过本科班主任的一个班，是胡老师亲手带的第一批学生。他说道："在2013年人民大学为胡老师举办的从教五十周年暨八十寿辰学术研讨会上，我给老师的评价就是八个字：著作等身、桃李满园。我们将永远铭记胡老师的崇高人格与精神品质，永远铭记胡老师的教导与恩情，永远铭记胡老师对我们的关心和关爱。"

中央民族大学原校长黄泰岩教授深情讲述了与胡乃武教授生前的交往片段，表达了对胡乃武教授的沉痛哀思和深切怀念。他说道："我不是胡老师的弟子，但是胡老师对我亲如弟子，而且有时候感觉比弟子还好。胡老师提携后学，关爱年轻教师和青年学子的成长，以自己独有的人格魅力感染和教育了一代代后辈。胡乃武教授在治学教育上的成就高山仰止，是我们学业的导师，他更是我们的人生导师，指引我们前行。今天我们追思胡老师，更重要的是继承和发扬胡老师的精神，关爱后人，关爱同事，助力大家成长，将胡老师的精神发扬光大，风范长存。"

中国人民大学方福前教授表达了对胡乃武教授深深的哀思和满满的敬意。他回忆了与胡老师共同参与《国民经济管理学》编写的过往，提到了

师恩浩荡　风范长存——胡乃武教授追思录

胡老师对社会主义商品经济思想的前沿见解，对胡老师严谨、执着、求真、务实的学术精神，仁爱、奉献的崇高品格表达了崇高敬意。

胡乃武教授学生代表依次发言，深情讲述了与胡乃武教授生前的交往片段，表达了对胡乃武教授的沉痛哀思和深切怀念。大家表示，要化悲痛为力量，学习胡乃武教授的崇高人格风范，弘扬他的教育精神，继承他的学术遗产，共同为推进中国特色社会主义经济建设事业、实现中华民族伟大复兴做出应有的贡献。